hu
ho

erdmenger/istel

**didaktik
der landeskunde**

ω.18; 4 8.1.4

manfred erdmenger
hans-wolf istel

didaktik
der landeskunde

max hueber verlag

ISBN 3-19-00.6738-4
2. Auflage 1978
© 1973 Max Hueber Verlag München
Satz: Akademische Buchdruckerei, München
Druck: Allgäuer Zeitungsverlag, Kempten
Printed in Germany

Inhaltsverzeichnis

1. Einführung

Die Landeskunde ist ein umstrittenes Fach. Vor allem auf der Hochschulebene ist die Diskussion darüber in den letzten Jahren nicht zur Ruhe gekommen. Sie ist ein unbequemes Fach, von dem man nicht recht weiß, wo man es im Rahmen der Sprachlehrerausbildung ansiedeln soll. Auf der anglistischen Fachtagung der BAK 1971 brach man die Diskussion mit folgendem vorläufigen Ergebnis ab: "Der erste Teil der Diskussion galt dem Problem der Landeskunde, wobei einheitlich die Meinung vertreten wird, daß Landeskunde in der bisher praktizierten Form obsolet ist. Es werden drei Alternativen genannt: 1. Übernahme der landeskundlichen Ausbildung durch ein Zentralinstitut (vgl. Kennedy-Institut), 2. Inhaltliche Neufassung unter Beibehaltung der alten Bezeichnung, 3. Ersatzlose Streichung, dafür Integrierung in sprach- und literaturwissenschaftliche Veranstaltungen." [1]
Hans Helmut Christmann war in einer kurz vor jener Tagung erschienenen Überlegung noch nicht eindeutig zu einer jener Alternativen gelangt, als er – sich auf H. Schrey beziehend – schrieb, ". . . daß sie (die Landeskunde) auf der Schule wie auf der Universität 'vor allem nebenbei und indirekt betrieben werden' sollte." [2] Die Schlußfolgerung in seinem Sinne zieht Harald Weinrich ein Jahr später: "Das Gesetz der Arbeitsteilung wird uns – leider – zwingen, entweder die Linguistik oder die Literaturwissenschaft gründlich zu betreiben, wobei ich mit Christmann von vornherein voraussetze, daß die unglückliche Landeskunde aus dem Aufgabenbereich sowohl des Linguisten als auch des Literaturwissenschaftlers gestrichen wird. . . . Für Informationen landeskundlicher Art ist also der Historiker zuständig oder, wenn das entsprechende Fach besteht, der Lehrer der Gemeinschaftskunde (Sozialkunde, Gesellschaftslehre usw.)." [3]
Wenn Weinrich im ersten Satz als Fachwissenschaftler für Fachwissenschaftler spricht, möchte man ihm ohne Zweifel folgen; ob sich die von ihm skizzierte Arbeitsteilung allerdings auch in die Schule hinein fortsetzen soll, ob das überhaupt möglich ist, muß bezweifelt werden. So haben sich denn auch die Vertreter der Schule – darauf deuten die neuen Richtlinienentwürfe der Bundesländer hin –

---

[1] BAK, Anglistische Fachtagung "Studienreform in der Anglistik", Marburg 9.—11. 7. 1971, Protokoll S. 13.
[2] Hans Helmut Christmann, "Zur Situation der Sprach- und Literaturwissenschaft an den Universitäten der Bundesrepublik", in: *Die Neueren Sprachen* 3/1971, S. 135.
[3] Harald Weinrich, "Zur Veränderung der Sprach- und Literaturwissenschaft an den Universitäten der Bundesrepublik", in: *Die Neueren Sprachen* 4/1972, S. 215.

in den letzten Jahren zu der Einsicht durchgerungen, daß Fremdsprachenunterricht ohne Landeskunde nicht denkbar ist. Uneinigkeit besteht jedoch weiterhin über Funktion, Ausmaß und Inhalte dieses Arbeitsfeldes. Ein Ziel dieser Arbeit ist es, festzustellen, welche und wieviele landeskundliche Kenntnisse an welcher Stelle im Unterricht vermittelt werden müssen, ein weiteres, zu bestimmen, was von einer Ausbildung künftiger Sprachlehrer auf diesem Gebiet zu fordern ist. Dabei soll durchweg von zwei Grundlagen ausgegangen werden:

– von der Abgrenzung des Fachbereichs Landeskunde innerhalb des Sprachstudiums und -unterrichts,

– von Minimum-Globalzielformulierungen für den Sprachunterricht (wie z. B. für die Sekundarstufe I: Kommunikationsfähigkeit in Alltagssituationen)[1].

Darauf aufbauend kann man zu Zielformulierungen für den landeskundlichen Aspekt im Fremdsprachenunterricht in den einzelnen Stufen (Sekundarstufe I, Sekundarstufe II, Erwachsenenbildung) kommen. Von den Zielen werden die Themen, Methoden und Medien hergeleitet. Auf der Basis des für die Schule Erarbeiteten werden die Ziele und Anforderungen für die Ausbildung der künftigen Sprachlehrer auf der Hochschule bestimmt.

Das scheint uns ein sauberer Ansatz zu sein, der nur von Gesichtspunkten in Verbindung mit der Sprache und dem Sprachunterricht ausgeht und keine außersprachlichen Gesichtspunkte wie etwa 'kulturelle Bildung' oder Ähnliches benutzt. Was unter diesem Ansatz an Landeskunde im Sprachunterricht und in der Hochschulausbildung der Sprachlehrer bleibt, muß als für diesen Fachbereich relevant gelten.

Dieser Ansatz setzt eine bestimmte wissenschaftstheoretische Auffassung von Didaktik voraus:

Didaktik ist für uns die Wissenschaft von der Unterrichtsorganisation; dazu gehört:

– die Herleitung von Teilzielen aus dem gesetzten Globalziel,

– die Bestimmung von Unterrichtsthemen, die den Teilzielen entsprechen,

– die Wahl der Methoden und Medien, mit deren Hilfe über die Unterrichtsinhalte die Teilziele erreicht und kontrolliert werden können.

Didaktik ist demnach die Wissenschaft *nach* den Zielen; die Zielsetzung (im Wort ausgedrückt) erfolgt nicht immer allein von der Didaktik aus, womit nicht ausgeschlossen wird, daß die Didaktiker bei Entscheidungen über Unterrichtsziele eine starke Lobby bilden sollten. Sind die Ziele einmal gesetzt, kann der

---

[1] Durch die Verbindung mit "Kommunikation" wird Landeskunde von einem soziopolitischen zum humanitären Anliegen (vgl. Langer/Schurig, "Politik im Fremdsprachenunterricht", in: *Praxis* 1/1972, S. 5 ff.). Zum gleichen Aspekt auch A. Barrera-Vidal, "Pour une nouvelle conception de l'enseignement de la civilisation française", in: *Praxis* 1/1972, S. 85: "C'est dans la perspective de la langue, moyen de communication, que nous devons reposer la question du rôle de la civilisation."

Didaktiker wissenschaftlich weiterwirken, d. h. er kann logisch-schlüssig und jederzeit nachprüfbar Teilziele herleiten, Unterrichts- bzw. Studienthemen bestimmen, die erforderlichen Unterrichtsmethoden bzw. Studienarbeitsweisen und die Medien erarbeiten.[1]

Die Bedeutung der vorliegenden "Didaktik der Landeskunde" könnte sich daraus ergeben, daß

— alle kultur-, sozial- und polito-ideologischen Sichtweisen zunächst einmal zurückgestellt werden, dagegen

— der Gesichtspunkt der Sprachinhärenz der Landeskunde im Mittelpunkt der Erörterungen steht,

— von unterrichtlichen Minimalzielformeln, denen jeder zustimmen kann, ausgegangen und

— im Sinne einer Didaktik als Wissenschaft *nach* der Zielsetzung logisch-schlüssig vorgegangen wird.

Ein Problem darf dabei nicht übersehen werden: wenn in dieser Weise ausschließlich von Sprache und Kommunikation ausgegangen wird, so bedarf es von Seiten des Sprachlehrers in Schule und Hochschule großer Wachheit, um zu vermeiden, daß *ein* affirmatives Bild vom fremden Land vermittelt wird, denn die zur Kommunikation hauptsächlich dienende Alltags- und Umgangssprache beinhaltet nun einmal alle herkömmlichen Klischees. Diese Gefahr muß man sehen und richtig einschätzen; es wäre jedoch verfehlt, von vornherein mit Kriterien einer bestimmten Ideologie — welcher auch immer — zu arbeiten.

---

[1] Mit dieser Auffassung folgen wir Felix von Cube, "Der kybernetische Ansatz in der Didaktik", in: *Didacta* 2, 1968, S. 79 ff. und in: D. C. Kochan (Hrg.), *Allgemeine Didaktik, Fachdidaktik, Fachwissenschaft*, Darmstadt 1970, S. 143 ff., besonders S. 152.

2. Was ist Landeskunde?

2.1. Aspekte der Landeskunde

Das, was unter Landeskunde zu verstehen ist, hat in der Vergangenheit eine vielfältige Interpretation erfahren, die sich nicht allein auf den Bereich des Fremdsprachenunterrichtes beschränkt, sondern Disziplinen wie Geographie und die Sozialwissenschaften einschließt. So läßt sich für alle Fächer ein größtenteils gemeinsames Fundament erkennen, soweit es den Gegenstand der Untersuchung angeht: die erklärende Beschreibung der in einem Land vorgefundenen naturräumlichen und kulturellen Phänomene. In welcher Weise diese vorgefundenen Phänomene untersucht und erklärt werden und wie die Ergebnisse der Untersuchungen angewendet werden, richtet sich nach dem Selbstverständnis der jeweiligen Wissenschaft. So untersucht die Geographie im Rahmen der Länderkunde die naturräumlichen Gegebenheiten in ihrer Wechselwirkung mit Siedlung und Wirtschaft des Menschen, die Geschichte das Zustandekommen der gegenwärtigen Situation aus der Summe der Entwicklungen und Konstellationen der Vergangenheit und die Sozialwissenschaften die Möglichkeiten und Grenzen menschlichen Handelns und Verhaltens der Gegenwart. Damit sind unterschiedliche Ziele und Arbeitsweisen der Landeskunde angesprochen, die den aufgeführten Disziplinen zugehörig sind.

Welches sind nun die Gründe, die den Bereich Landeskunde zum Gegenstand des fremdsprachlichen Unterrichtes gemacht haben und die dazu geführt haben, daß seine Inhalte immer wieder einer kritischen Betrachtung unterzogen wurden? Zwei Aspekte stehen in dieser Hinsicht im Vordergrund. Seit Wilhelm von Humboldt galt das Gewinnen einer neuen "Weltansicht", "da jede Sprache das ganze Gewebe der Begriffe und die Vorstellungsweisen eines Theiles der Menschheit enthält" [1], als eine vom Sprachunterricht nicht zu trennende Aufgabe. Das Zitat läßt eine Verbindung von "Begriffen und Vorstellungsweisen" mit den außersprachlichen Verhaltensweisen und Gegebenheiten einer Sprachgemeinschaft wohl zu, ist aber nicht als "kontemplative Weltschau" [2] zu interpretieren.

---

[1] W. v. Humboldt, *Über die Verschiedenheit des menschlichen Sprachbaues und ihren Einfluß auf die geistige Entwicklung des Menschengeschlechtes*, Berlin 1835, S. 60.
[2] Vgl. hierzu H. Schrey, "Englischunterricht und Englandkunde", in: *Praxis* 4/1968, S. 354 ff.

Die Verbindung von Sprache und Weltansicht hat in der Vergangenheit dazu geführt, eine fremde Wesensart durch die Interpretation sprachlicher Phänomene zu erkennen.[1]
Über das Finden der fremden Wesensart war es dann kein weiter Schritt mehr, ihr die eigene gegenüberzustellen. Es darf daher nicht verwundern, daß zu Zeiten der Überbetonung der eigenen Wesensart die Landeskunde lediglich als Spiegel für das Erkennen des eigenen Seins benutzt wurde: "Wir wollen durch sie (Kulturkunde) nur Deutschland kennen und lieben lernen, heute noch zielbewußter und stärker als vordem."[2]
Die geschichtliche Entwicklung und die fachdidaktische Forschung haben sich von der Zielsetzung des landeskundlichen Unterrichts der Vergangenheit gelöst und sehen seine Aufgabe unter einem weitgehend pragmatischen Aspekt. So schreibt Doyé, daß der Sprachunterricht ". . . einen zweifachen Unterrichtsgegenstand hat: die fremde Sprache und die Kultur, deren Ausdruck diese Sprache ist. . . . Es ist nicht möglich, eine Sprache losgelöst von den Inhalten, die sie bezeichnet, zu lehren, und jeder sinnvoll durchgeführte Fremdsprachenunterricht gelangt zwangsläufig dahin, Kunde zu vermitteln von dem anderen Land und dem Volk, das diese Sprache spricht."[3]
Pragmatisch ist dabei in zweierlei Hinsicht zu verstehen. Einmal ist es sinnvoll, im Englischunterricht englandkundliches Material zum Gegenstand der sprachlichen Arbeit zu machen (im Französisch-, Spanisch-, Russischunterricht etc. entsprechend), da das Interesse des Lernenden allein durch die Sprache auf das konkret andere Land gerichtet wird und das Kennenlernen und Verstehen des Anderen ein elementares, politisches Bedürfnis ist. Zum anderen ist das sprachliche Verstehen gebunden an die Kenntnis der Sachen und Verhaltensweisen, die die jeweilige Sprache bezeichnet. An dieser Stelle wird der Zusammenhang zwischen landeskundlichem Wissen und sprachlicher Kommunikation deutlich.
Die moderne Linguistik weist auf die enge Bezogenheit von Sprache und Kultur einer Sprachgemeinschaft hin. So spricht Lado von der unumgänglichen Kenntnis kultureller Bedeutungseinheiten, die, an ihren jeweiligen Kulturkreis gebunden, nicht übertragbar sind. Er warnt davor, Vorgänge innerhalb einer fremden Kultur mit den Ansichten und Bedeutungen der eigenen Verhaltensweisen zu

---

[1] Mit diesem Problem befaßt sich insbesondere M. Deutschbein, "Englisches Volkstum und englische Sprache", in: *Englandkunde*, Frankfurt/M. 1960[4], S. 344 ff.

[2] R. Münch, *Die dritte Reform des neusprachlichen Unterrichts*, Frankfurt/M. 1936, S. 20.
Vergleiche hierzu auch: W. Hüllen, "Sprachwissenschaft und Landeskunde", in: *Praxis* 3/1969, S. 310 ff.

[3] P. Doyé, "Politische Erziehung im neusprachlichen Unterricht", in: *Westermanns Pädag. Beiträge* 6/1966, S. 270.

erklären. [1] Landeskundliche Kenntnisse ermöglichen somit, Sprache als Kommunikationsmittel adäquat zu verwenden und lassen die Interpretation sprachlicher Erscheinungen in Bezug auf "Volkstum" und "Wesensart" weitgehend außer acht. So ist die Landeskunde eng an das sprachliche Verstehen an sich gebunden, darüber hinaus aber "andererseits an das Verstehen des jeweils sprachlich kommunizierenden ganz konkreten Anderen. ... Die Landeskunde will uns helfen, den Anderen, das Andere besser zu verstehen." [2]

Mit dieser Aussage einer pragmatisch orientierten Landeskunde im Hinblick auf "Verstehen" begeben wir uns auf das Feld landeskundlicher Inhalte, die dem Fremdsprachenunterricht zugrundeliegen. "Verstehen" meint einerseits *sprachliches Verstehen* durch Kenntnis des außersprachlichen Verhaltensraumes, in dem sich Sprache ereignet und auf den sie sich bezieht, andererseits aber auch *Kenntnis und Verständnis* des Anderen im Dienste der Völkerverständigung.

Landeskunde im Rahmen des Fremdsprachenunterrichts bezieht folglich ihre Ziele und Inhalte aus der Einordnung in den Sprachunterricht. Sprachunterricht mit dem Ziel Kommunikationsfähigkeit liefert den Bezugspunkt für die Auswahl landeskundlicher Inhalte. Hier wird die dienende Funktion der Landeskunde deutlich. Ihre Ziele liegen somit in der Sprache selbst begründet, vornehmlich auf dem Gebiete der Semantik (das ist nach Lado die Kenntnis der "elementaren Bedeutungseinheiten eines kulturellen Bereichs" und die Kenntnis des außersprachlichen Verhaltensraumes, in dem sich Kommunikation ereignet und auf den sie zielt, den Lado mit "Kultur" bezeichnet). Landeskunde im Fremdsprachenunterricht dient der menschlichen Verständigung.

Beim Lesen einer englischen Zeitung zum Beispiel benötigen wir zur sprachlichen Erschließung der Texte die genaue Kenntnis der verwendeten sprachlichen Mittel. Darüber hinaus ist ein Hintergrundwissen vonnöten, das das Verständnis des sprachlich Erschlossenen ermöglicht und somit Sprache und Sache zu einer sinnvollen Einheit macht. Über das Verstehen des Anderen eröffnet sich die Möglichkeit zum *Verständnis* im übertragenen Sinn zu kommen, zu einer Haltung dem Fremden gegenüber, die Doyé als "vorurteilsfreie Aufgeschlossenheit" [3] kennzeichnet.

Landeskunde im Dienste der Völkerverständigung geht zwar über den Rahmen der sprachlichen Kommunikation hinaus, distanziert sich aber deutlich gegenüber den zuvor aufgeführten Zielsetzungen der Gewinnung völkischer Wesensmerkmale. Das Andere gelten lassen, es zu verstehen suchen, steht im Dienste mit-

---

[1] R. Lado, *Moderner Sprachunterricht*, München 1973⁴; Lado behandelt dieses Problem ausführlich im Kapitel 6 von *Linguistics Across Cultures*, University of Michigan Press, Ann Arbor 1961⁴.
[2] H. Schrey, *a.a.O.*, S. 359.
[3] P. Doyé, *a.a.O.*, S. 275.

menschlicher Beziehungen wie die Kommunikation, und ist nicht Ausdruck einer unnötigen, einseitig orientierten Abgrenzung.

2.2. Sprache und Sprachinhalt

Sprache ist als wichtigstes menschliches Verständigungsmittel Bestandteil der Kultur der jeweiligen menschlichen Gemeinschaft. Es ist für die Fragen, die der landeskundliche Aspekt des Fremdsprachenunterrichts aufwirft, nicht nötig, Entscheidungen darüber zu treffen, was Sprache ist und von welcher Qualität das ist, was in der Sprache inhaltlich mitgeteilt wird. Die unterschiedlichen Aussagen und Ansichten der Philosophie, Psychologie und Linguistik stimmen in dem überein, was für die Ableitung landeskundlicher Arbeitsweisen und die Bestimmung landeskundlicher Inhalte wichtig ist:

1. Die Sprache als Leistung des menschlichen Geistes dient der Kommunikation (keine Gemeinschaft ohne Zeichenverkehr).
2. Eine Sprache ist ein System von Zeichen, das durch Konvention einer Sprachgemeinschaft entstanden ist.
3. Die sprachlichen Zeichen stehen in enger Beziehung zur außersprachlichen Umwelt und untereinander.[1]

Sprachliche Zeichen tragen somit eine Bedeutung. Was für die Bedeutung eines Wortes zum Beispiel wesenhaft ist, ist für unsere Überlegungen irrelevant.

"Die Bedeutung eines Zeichens, eines Wortes liegt in dem, was um dieses Wort herum an Stimuli und Responses sich ereignet – die realen Ereignisse, die dem Aussprechen des Wortes vorangehen, und die realen Ereignisse, die dem Aussprechen des Wortes folgen."[2] schreibt Hörmann zum Verständnis des Bedeutungsbegriffes aus der Sicht des amerikanischen Pragmatismus. Und Friederich definiert: "Die Bedeutung eines Wortes ist das, was zusammen mit der Gestalt eines Wortes als Spiegelbild der Welt in das Bewußtsein des Menschen tritt."[3]
Allen Aussagen gemeinsam ist, daß die jeweilige Sprachgemeinschaft mit Hilfe der sprachlichen Zeichen ihre Umwelt ordnet und gliedert und die Zeichen eingebettet sind in das zielgerichtete Gesamtverhalten der Zeichenbenutzer. Das Zeichen hat somit "Beziehungen in drei Dimensionen:

a) die syntaktische Dimension verbindet es mit anderen Zeichen,
b) die semantische Dimension mit nichtsprachlichen Beständen und
c) die pragmatische Dimension mit den Menschen, die es benutzen."[4]

---

[1] Zur Frage, ob es vom Menschen her gesehen überhaupt eine außersprachliche Umwelt gibt, siehe: *Sprache und Wirklichkeit. Essays.* München: dtv Bd. 432, 1967.
[2] H. Hörmann, *Psychologie der Sprache*, Berlin 1967, S. 163.
[3] W. Friederich, "Was ist Bedeutung?", in: *Praxis* 2/1971, S. 160.
[4] H. Hörmann, *a.a.O.*, S. 169.

Für den landeskundlichen Aspekt ist wichtig zu vermerken, daß sprachliche Zeichen mit nichtsprachlichen Beständen (also auch landeskundlich relevanten) und den Menschen (die diese sprachlichen Zeichen entsprechend den zuvor getroffenen Konventionen benutzen) unlösbar verbunden sind. Wer eine Sprache lernt, lernt unmittelbar Landeskundliches mit. Das heißt, man muß unter dem Kommunikationsaspekt des Fremdsprachenunterrichts Sprachliches so veranschaulichen, wie es den realen Gegebenheiten der Sprachgemeinschaft entspricht. Das wird in besonderem Maße bei der Erschließung neuer Wörter, also bei der Wortschatzarbeit im Sprachenunterricht, deutlich. Die semantische Dimension erstreckt sich auch auf den außersprachlichen Verhaltensraum, in dem Sprache sich ereignet. Unter dem Kommunikationsaspekt muß hier der angemessene situative Hintergrund für eine sprachliche Äußerung vorhanden sein, damit die Aussage und die Situation eine inhaltliche Einheit werden und der semantische Gehalt des Sprachlichen von der Situation her richtig entschlüsselt werden kann.

Landeskunde beginnt somit auf einer sehr frühen Stufe des Sprachenlernprozesses.

2.3. Die Erscheinungsformen der Landeskunde

2.3.1. Landeskunde als selbständiges Gebiet

2.3.1.1. Die kognitive Landeskunde

Die in den vorhergehenden Kapiteln gemachten Ausführungen deuten die Verschiedenheit der Erscheinungsformen landeskundlicher Inhalte bereits an. Landeskunde ist, wie bereits dargestellt wurde, in der Vergangenheit zur Erreichung verschiedener Ziele eingesetzt worden. Im Rahmen des Fremdsprachenunterrichtes ist ihre Zielsetzung eine doppelte.

Unter dem *Kommunikationsaspekt* umfaßt sie Kenntnisse aller Gebiete der Zielkultur, mit denen der Lernende in seinen zukünftigen Rollen wahrscheinlich in Berührung kommt. Der kognitive Bereich erstreckt sich somit vom Wissen über die Gegebenheiten des alltäglichen Lebens im jeweiligen Land bis hin zu einer Kenntnis vielschichtiger Erscheinungen in Staat, Gesellschaft und Wirtschaft.

Unter dem Aspekt der *Völkerverständigung* kann landeskundliches Wissen dazu beitragen, eine aufgeschlossene, unvoreingenommene Haltung dem Fremden gegenüber zu erreichen. Kognitive Landeskunde beinhaltet die Kenntnis über das speziell Andere der Zielkultur, aber auch das manchmal Ähnliche oder Gemeinsame mit der eigenen. Dieses Wissen wird erzielt durch die bewußte Beschäftigung mit dem fremden Kulturgut, wie es sich in den mannigfaltigen Erscheinungsformen in Wort, Bild, Gespräch oder persönlicher Begegnung zeigt.

14

2.3.1.2. Anwendung der landeskundlichen Kenntnisse

Die Anwendung der zuvor genannten Kenntnisse ist ebenso vielfältig wie die landeskundlichen Inhalte im Rahmen des Fremdsprachenunterrichtes überhaupt. Unter dem Kommunikationsaspekt wird landeskundliches Wissen zum *Orientiertsein* über die Erscheinungsformen der fremden Wirklichkeit verwendet. Für den zukünftigen *Konsumenten realer Güter* ist es wichtig, die Namen von Produkten, deren Verwendung und Gebrauchsanweisung, die Maße und Gewichte und ähnliches zu kennen, um vor Mißverständnissen und Überraschungen bewahrt zu bleiben. Für den "Konsum" *ideeller Güter*, die durch die Massenmedien heute jeden Menschen erreichen, ist die Kenntnis des landeskundlich spezifischen Hintergrundes notwendig, um z. B. eine Zeitung nicht nur lesen zu können, sondern die durch die Sprache mitgeteilten Inhalte auch zu verstehen.

Der *Reisende* benötigt ein Minimalwissen über geographische, historische und politische Fakten, die ihm ein Sichzurechtfinden im fremden Land (über die sprachliche Verständigung hinaus) ermöglichen. In diesen Bereich gehören z. B. elementare Kenntnisse über Währung, Verkehrswesen, Beherbergungswesen, Alltagslebensweisen (Mahlzeiten u. a.).

Für die *Begegnung mit Ausländern*, die bereits durch Schüleraustausch und Studienfahrten für Schüler ermöglicht wird, ist ein Sichverstehen nur durch die Kenntnis der unterschiedlichen Lebensweisen (z. B. Schulleben, Schularten) möglich, um die Übertragung eigener Vorstellungen in die fremde Wirklichkeit und damit das Aufkommen von Mißverständnissen zu verhindern.

Die aufgezeigten Anwendungsmöglichkeiten lassen sich beliebig vermehren. Für den Unterricht ergibt sich die Notwendigkeit der Auswahl von Inhalten und, wo immer möglich, eines paradigmatischen Vorgehens.

Die zunehmende internationale Kooperation auf verschiedenen Gebieten und der sich ständig ausweitende Umfang des Tourismus erhöhen die Möglichkeit, andere Länder kennenzulernen und fremden Menschen zu begegnen. Das Verstehen des Anderen und die Fähigkeit, sich adäquat mitzuteilen, beruhen in beträchtlichem Maße auf dem Wissen über den außersprachlichen Verhaltensraum, aus dem der Andere kommt.

So gesehen leistet die kognitive Landeskunde einen wesentlichen Beitrag zum gegenseitigen Verstehen. Verstehen meint dabei sowohl sprachliches Kommunizieren wie auch Verständnis für den Anderen und das Andere.

Das Wissen über bestimmte kulturelle Tatsachen, geistige Strömungen, Traditionen, Wertmaßstäbe, über geographische, geschichtliche und ethnographische Gegebenheiten und Lebensgewohnheiten dienen einmal als Hintergrund für sprachliche Kommunikation, aber auch als Hilfe für das Erreichen einer unvoreingenommenen, aufgeschlossenen Haltung.

2.3.2. Landeskunde in Wechselwirkung mit der Linguistik

Im Kapitel 2.2. wurden bereits grundsätzliche Aussagen zum Verhältnis von sprachlichem Zeichen zur außersprachlichen Umwelt gemacht. Die Verbindung sprachlicher Zeichen mit nichtsprachlichen Beständen aufgrund von Konventionen der Zeichenbenutzer war die für den landeskundlichen Ansatz wichtige Tatsache.

Es scheint somit logisch und notwendig, die Gewohnheiten und Gegebenheiten der Sprachgemeinschaft kennenzulernen, die den sprachlichen Reaktionen zugrundeliegen, die die jeweilige Gemeinschaft benutzt, um die Probleme ihres Daseins zu bewältigen. Sprache ereignet sich nicht im "luftleeren" Raum, sondern ist eingebettet in ein außersprachliches Umfeld, auf das sie sich bezieht, und von dem her sie bestimmt wird. Der Lernende muß dieses Umfeld kennen, in dem Sprache verankert ist, will er sie als Kommunikationsmittel möglichst eindeutig beherrschen. Für den landeskundlichen Aspekt im Fremdsprachenunterricht bedeutet das:

Erlernt man eine fremde Sprache, so muß das landeskundliche Wissen in dem Maße erworben werden, wie es für die inhaltliche Klärung der sprachlichen Zeichen notwendig ist.

Sprachliche Zeichen müssen folglich daraufhin untersucht werden, ob und in welchem Umfang sie einer landeskundlichen Erhellung (Information) bedürfen, damit sie inhaltlich richtig verstanden werden und später sinngemäß verwendet werden können. So lassen sich "school inspector" mit Schulrat, "to have tea" mit "Tee trinken", "Christmas" mit "Weihnachten" und "sports club" mit "Sportverein" übersetzen, eine inhaltliche Gleichsetzung der Begriffe würde aber zu Fehlschlüssen und Mißdeutungen führen.

Leisi [1] beschreibt Sprache als Brauch und weist darauf hin, daß ein Sprecher "Realisationen von Akttypen (Artikulation von Sprache; d. Verf.) nur vollziehen darf, wenn bestimmte Bedingungen vorliegen. ... Die Bedingungen, welche den Gebrauch eines Wortes erlauben, können außerhalb der Sprache liegen ..."

Die so erforderliche Prüfung der sprachlichen Inhalte auf ihren landeskundlichen Gehalt hin ist eine Aufgabe, die sich nicht ohne Schwierigkeiten lösen läßt. Dem oberflächlichen Betrachter mag das Problem nicht sehr kompliziert erscheinen. So wird einer Sache ⇔ das der jeweiligen Sprache entsprechende Wort "Haus", "house", "maison" zugeordnet. Der landeskundliche Aspekt würde bei diesem Beispiel lediglich in der unterschiedlichen Physiognomie der Sache deutlich werden. Ein französisches "maison" ist anders als ein englisches "house" oder ein deutsches "Haus".

---

[1] E. Leisi, *Der Wortinhalt*, Heidelberg 1961, S. 17.

Da es *das* Haus nicht gibt, werden unter *deutschem* Haus, *englischem* Haus usw. nur solche Merkmale verstanden (soweit vorhanden), die weitgehend typisch für ein Land sind.

Etwas schwieriger würde die inhaltliche Klärung von "mantelpiece" sein, das mit "Kaminsims" übersetzt wird, bei dem aber dem deutschen Sprecher der Gegenstand an sich fehlt, zudem der Begriff "Kamin" eine zweifache Bedeutung, nämlich "Schornstein" und "offene Feuerstelle", hat. Auch die zuvor genannten Begriffe "school inspector", "Christmas", "to have tea" gehören zu jener Kategorie von Begriffen, deren inhaltliche Klärung nur durch eine fundierte Kenntnis von Rangordnung, Aufgabenbereich, Brauchtum, Lebensgewohnheiten und anderem möglich ist. Der Austausch der "Nomenklatur" für eine Sache, wie er in der Vokabelgleichung angedeutet wird, legt die Vermutung nahe, daß das Erlernen einer Fremdsprache lediglich darin besteht, für die bereits vorhandenen muttersprachlichen Begriffe eine neue "Nomenklatur" zu lernen, also bekannte (und bereits benannte) Gegenstände und Sachverhalte mit einem neuen Namen zu versehen. Das hätte aber zur Voraussetzung, daß die gesamte Welt eine vorgegebene Ordnung in gegeneinander abgegrenzte Gegenstandskategorien aufweist. Martinet[1] weist darauf hin, daß der Anteil des Willkürlichen bei der Unterteilung einer gegebenen natürlichen Erscheinung eine von der jeweiligen Sprachgemeinschaft unbewußt vorgenommene Tatsache unterschiedlicher Größe ist. Das verdeutlichen die oben angeführten Beispiele.

Nur da, wo die Welt von sich aus "wohlunterschiedene Gegenstandskategorien" (Martinet) anbietet, läßt sich eine Sprache im Sinne des Erwerbs einer neuen Nomenklatur für bereits bekannte und benannte Sachen lernen. Solche Kategorien wären: Naturerscheinungen (Tag – Nacht, Jahreszeiten, Wetter usw.), allgemeine menschliche Verhaltensweisen (schlafen, sprechen, krank sein usw.), allgemeine Angaben über Richtungen, Mengen, Zahlen, Präpositionen und ähnliche allgemeine Angaben, die den verschiedenen Sprachgemeinschaften gemeinsam sind.

Je differenzierter die Ausgliederung einzelner Phänomene aus den umfassenden, allgemeinen, von allen Menschen erkennbaren Gegenstandskategorien ist, um so größer ist auch der Anteil der willkürlichen, eben dieser Sprachgemeinschaft eigenen Abgrenzungen gegenüber benachbarten Phänomenen. So läßt sich "Christmas" mit "Weihnachten" oder "Noël" gleichsetzen, sofern die Fakten Christi Geburt und 24./25. Dezember angesprochen werden. Die landeskundlichen Besonderheiten aber, wie z. B. das Fest begangen wird, welche Sitten und Gebräuche in einer unterschiedlichen Zeitspanne außerdem unter den oben an-

---

[1] A. Martinet, *Grundzüge der allgemeinen Sprachwissenschaft*, Stuttgart 1963 (frz. Original Paris 1960).

geführten Begriffen in den einzelnen Ländern verstanden werden, verbieten eine Gleichsetzung der Nomenklatur.

Offenkundig wird die Notwendigkeit einer landeskundlichen Information bei Begriffen, die einen Sachverhalt bezeichnen, der im Kulturbereich des Lernenden nicht vorhanden ist. So bedarf "Speech Day" einer Erklärung über englisches Schulleben. In gleicher Weise sind "public school", "cricket", "plum-pudding", "fudge" und andere Begriffe ohne eine landeskundliche Erhellung unverständlich.

Landeskunde und Linguistik haben vornehmlich auf dem Gebiete der Semantik gemeinsame Fragen und Probleme. Auf der Suche nach der Bedeutung sprachlicher Ausdrucksformen bedient sich die Linguistik landeskundlicher Erklärungsweisen. Bei der Gegenüberstellung der Wortinhalte verschiedener Sprachen ergeben sich folgende Aussagen für die Notwendigkeit landeskundlicher Kenntnisse bei der Bedeutungserschließung:

1. Sprachliche Universalia lassen ein Kommunizieren auf einer allgemeinen, wenig differenzierten und determinierten Ebene zu. Der Wortschatz ist geprägt durch allgemeine und übergreifende Begriffe. Landeskundliches Wissen ist nicht erforderlich.

2. Das Erfassen bestimmter und differenzierter Sachverhalte und Verhaltensweisen einer bestimmten Sprachgemeinschaft mit den zugehörigen sprachlichen Mitteln erfordert die Kenntnis des landeskundlichen Hintergrundes, auf den die Sprache sich bezieht.

3. Begriffe, die einen Sachverhalt bezeichnen, der im außersprachlichen Umfeld des Lernenden keine Entsprechung hat, können nur mit Hilfe spezieller, meist landeskundlicher Erklärungen inhaltlich erschlossen werden.

Landeskunde im Fremdsprachenunterricht tritt somit auf einer sehr frühen Stufe des Sprachlernprozesses auf. Bisher haben wir unter "sprachlichen Zeichen" nur Wörter verstanden. Sprache besteht aber nicht aus der zufälligen Reihung einzelner Wörter, sondern stellt ein komplexes Gewebe dar, dessen Bestandteile zwar Wörter sind, deren Anordnung aber festen Regeln unterliegt und die ihrerseits durch die Stellung zueinander ein Mehr an Bedeutung erhalten. Da die in Zeit und Raum ablaufenden Ereignisse komplexer Natur sind, können sie "nicht mehr durch *ein* sprachliches Zeichen (im Sinne *eines* Begriffes und *einer* formalen Realisierung) gedeckt werden." [1] Das heißt, daß die zusammenhängende Rede ein Merkmal menschlicher Sprache ist, mit der auf die Komplexität außersprachlicher Abläufe sprachlich reagiert wird. Inwieweit ist landeskundliches Wissen

---

[1] Götz/Burgschmidt, *Einführung in die Sprachwissenschaft für Anglisten*, Hueber Hochschulreihe, Bd. 1, München 1973², S. 46.

für die inhaltliche Klärung von Sprache, in der zusammenhängenden Rede, notwendig?

Die Antwort darauf gibt uns die neuere Kommunikationsforschung. Sprache als Reaktion für die Bewältigung einer außersprachlichen Situation, die mit Hilfe von Sprache bewältigt werden kann, bedarf eben der jeweiligen außersprachlichen Gegebenheiten für eine eindeutige inhaltliche Klärung. Um die Bedeutung von zusammenhängender Rede zu erschließen, ist ein entsprechender Situationsbezug unbedingt erforderlich. So ergibt sich für den Sprachunterricht die Forderung, sprachliches Verhalten zu erlernen und anzuwenden in Situationen, die eine Einheit von sprachlichem Ausdruck und außersprachlichem Umfeld aufweisen. "Neuere" Sprachen als Sprachen lebender Sprachgemeinschaften beziehen sich auf konkrete Situationen der fremden Umwelt. Für die Kommunikation ist es deshalb erforderlich, nicht nur die sprachlichen Mittel zu beherrschen, sondern auch das außersprachliche Umfeld zu kennen, in dem sie konkret verankert sind, das heißt: Sprachvermittlung in semantisch typischen Situationen. Semantisch "einwandfrei" sind somit alle Situationen, die das "fremde Land" mit in den Unterricht einbeziehen.

2.3.3. Landeskunde in Wechselwirkung mit der Literatur

Literatur und Landeskunde stehen in einer vielseitigen Wechselbeziehung zueinander. Diese Verbindungen können wie folgt charakterisiert werden:

1. Literatur ist "ein einmaliger, ästhetisch bemerkenswerter Ausdruck eines Sinngehalts in sprachlicher Form",[1] und somit, wie Sprache, ein kulturelles Zeugnis einer bestimmten Sprachgemeinschaft. Literatur "per se" ist ein Teil Landeskunde.

2. Literatur ist als sprachliches Kunstwerk auch *Kommunikation*, denn sie zielt auf ein Gegenüber. Literatur bezieht ihre Impulse für die Versprachlichung bestimmter Gedanken und Aussagen häufig aus den Situationen und Problemen der jeweiligen Kultur, d. h., sie ist, wie Sprache, eingebettet in eine Umgebung. Dichter/Autor und Adressat gehören vielfach derselben Sprachgemeinschaft an. Landeskundliche Kenntnisse können deshalb für das Verstehen einer literarischen Aussage eine wesentliche Hilfe sein. Landeskunde hilft, diese Umgebung zu erfassen und dient somit dem Verständnis des dichterischen Anliegens überhaupt und der Interpretation von Literatur.

Bezüglich der Interpretation von Literatur unterscheiden sich zwei Arbeitsweisen grundsätzlich voneinander.

---

[1] R. Lado, *Moderner Sprachunterricht*, München 1973⁴, S. 209.

Die textimmanente Interpretation verzichtet weitgehend auf Erklärungen von "außen", auf das Beibringen von Materialien. Die historisch-soziologische Betrachtungsweise dagegen bedient sich bewußt aller außerhalb des literarischen Werkes liegenden Quellen, die zur Deutung des Textes hilfreich sein können, so z. B. der Kenntnis der Biographie des Dichters und der Heranziehung der profanen Geschichte, des soziokulturellen Hintergrundes der entsprechenden Epoche. Dieser Hintergrund aber, auf dem Dichtung sich ereignet, ist das Feld landeskundlicher Arbeit.

So liefert Lüdeke für die englische Literatur bewußt einen kulturhistorischen Umriß. "Die Kenntnis des großen historischen Hintergrundes, die dem Engländer bei der Betrachtung seiner literarischen Entwicklung eine stille Selbstverständlichkeit ist, geht dem kontinentalen Betrachter in der Regel ab und muß daher, will man ein einigermaßen vollständiges Bild erzielen, für ihn nachgetragen werden." [1]

Die gleiche Betrachtungsweise legt Schulze seiner Darstellung über die amerikanische Literatur zugrunde: "Im Zentrum aller Betrachtungen aber sollen Dichter und Werk stehen – nicht losgelöst freilich von den sie bedrängenden und beherrschenden Einflüssen, sondern auf dem Hintergrund der sie prägenden Zeiten." [2]

Landeskunde hat im Hinblick auf die Erschließung von Literatur dienende Funktion in dem dargelegten Sinne. Diese Hilfestellung findet ihren Niederschlag in der Flut von Sekundärliteratur zu literarischen Veröffentlichungen und in zahlreichen "Annotations" für die Verwendung von Literatur im Unterricht.

Läßt sich nun, im Hinblick auf die Wechselbeziehung zwischen Literatur und Landeskunde, die Literatur für die Gewinnung kulturkundlicher oder landeskundlicher Kenntnisse verwenden?

Diese Frage muß im Hinblick auf das zuvor Gesagte grundsätzlich mit "ja" beantwortet werden. Einmal ist die Literatur selbst ein Zeugnis der Kultur eines Landes, andererseits beschäftigt sie sich häufig mit Problemen, die auch Gegenstand landeskundlicher Betrachtung sind. [3]

Die Vorbehalte und Einschränkungen, die gemacht werden müssen, liegen auf der Hand. Dichtung ist ein "Sein eigener Art", eine eigene Art von Wissen. Sie kann deshalb nicht bloße Mitteilung von Sachverhalten sein, wie umgekehrt die Inhaltsangabe eines literarischen Werkes nicht "Literatur" ist. Der Dichter sieht die Welt mit *seinen* Augen. Dem Bereich des *faktischen* muß der des *fiktiven*

---

[1] H. Lüdeke, *Die englische Literatur*, Dalp Taschenbuch Bd. 307, Bern 1954, S. 6.

[2] M. Schulze, *Wege der amerikanischen Literatur*, Ullstein Buch 4001/4002, Frankf./M. 1968, S. 7.

[3] Vergleiche hierzu: H. Arndt, "American Critique of Culture and Society", in: *Praxis* 2/1964, S. 133 ff.

gegenübergestellt werden, um die erforderliche Relativierung der Aussagen von Literatur für den landeskundlichen Bereich zu gewährleisten. Nach Meinung Hüllens[1] eignet sich Literatur nicht als Dokument für kulturkundliche Fragestellungen. "Wenn Literatur nämlich im unmittelbaren Sinne als belehrendes Dokument ausgewertet wird, wird sie zerstört. ... Es ist methodisch sicherlich sauberer, historisches und landeskundliches Wissen mit Hilfe nüchterner, sachlicher Zusammenstellungen oder erhellender Quellentexte zu behandeln, als Romane, Kurzgeschichten oder Dramen in diesem Sinne auszubeuten."[2]

2.4. Abgrenzung der Landeskunde gegenüber Nachbargebieten

2.4.1. Allgemeine Kriterien der Abgrenzung

Landeskunde im Fremdsprachenunterricht hat die Aufgabe, "den Anderen und das Andere kennenzulernen ... etwas von der Kulturmorphologie des Landes, von seiner Wissenschaft, vor allem aber über seine Gesellschaft (zu) erfahren."[3] Sie beschäftigt sich deshalb mit der Vielfalt menschlicher Verhaltensweisen und den Situationen, in denen Angehörige einer bestimmten Sprachgemeinschaft sich befinden. Ihr Ziel ist die Kenntnisvermittlung über das fremde Land und seine Bewohner. Damit begibt sie sich auf das Feld aller Wissenschaften, die eine Untersuchung des gleichen Gegenstandes, Mensch und Umwelt, zum Ziel haben, wie zum Beispiel Geographie, Geschichte, Soziologie, Politologie, Anthropologie, Kunst und andere. Eine Abgrenzung gegenüber diesen Wissenschaften und eine Auswahl von Inhalten aus der Fülle der Möglichkeiten unter den Kriterien der Landeskunde ist deshalb unumgänglich.

Das Kriterium für die Abgrenzung gegenüber Nachbargebieten und für die Auswahl von Inhalten ist *Kommunikationsfähigkeit* in den möglichen zukünftigen Rollen des Lernenden. Unter Kommunikationsfähigkeit ist die Beherrschung der sprachlichen Fertigkeiten und die Kenntnis über den die fremde Sprache verwendenden Kulturbereich zu verstehen.

Landeskunde bedient sich also geographischer, geschichtlicher, soziologischer Inhalte, soweit sie der Kommunikationsfähigkeit dienlich sind. Sie ist *Wissensvermittlung für die Bewältigung* dieses Prozesses. Die Betrachtung der Erscheinun-

---

[1] W. Hüllen, "Sprachunterricht — Sachunterricht — Literaturunterricht, ein Beitrag zur Diskussion um die englische Lektüre auf der Oberstufe", in: *Die neueren Sprachen* 1960, 579—588.

[2] W. Hüllen, "Sprachunterricht — Sachunterricht — Literaturunterricht, ein Beitrag zur Diskussion um die englische Lektüre auf der Oberstufe", in: *Die neueren Sprachen* 1960, 582—583.

[3] H. Schrey, "Englischunterricht und Englandkunde", in: *Praxis* 4/1968, S. 361.

gen der Gegenwart geschieht unter dem Aspekt der gegenseitigen Verständigung, nicht unter dem Kategoriengefüge einer bestimmten Wissenschaft und dem Bestreben, die Erkenntnisse den Gesetzen und der Systematik dieser Wissenschaft gemäß einzuordnen. Landeskunde ist interdisziplinär.

2.4.2. Landeskunde und Geographie

Landeskunde im Fremdsprachenunterricht und Länderkunde in der Geographie weisen besonders stark auf ein scheinbar gemeinsames Anliegen hin. Deshalb soll an dieser Stelle die Abgrenzung einmal exemplarisch für alle anderen Gebiete versucht werden.

Der Fachbereich Geographie läßt sich in zwei Hauptzweige gliedern: die "Allgemeine Geographie", die sich auf die Herausfindung von allgemeinen Gesetzen, Typen und Einsichten konzentriert, und die "Länderkunde", die in der Vergangenheit als das Hauptgebiet der Geographie angesehen wurde. "Die Landschaftselemente und -komplexe, die an der unteren Stufe des geographischen Arbeitsbereiches stehen, gehören ... in das Arbeitsfeld der 'Allgemeinen Geographie'; ... mit höherrangigen Komplexen ... befaßt sich die 'Landschaftskunde' ... Die höchstrangigen Komplexe sind jedoch der 'Länderkunde' vorbehalten, durch die alle relevanten Züge erfaßt werden müssen, unter Umständen auch solche nichtgeographischer Art, da es gilt, das Besondere herauszuarbeiten." [1]

Länderkunde bedient sich zur Charakterisierung einzelner Länder auch der Erfassung nichtgeographischer Bestände. Es ist daher erklärlich, wenn Landeskunde im Fremdsprachenunterricht und Länderkunde in der Geographie in Randbereichen scheinbar dieselben Gegenstände zum Zentrum ihrer Untersuchung machen und zu ähnlichen Aussagen kommen, insbesondere dann, wenn eine angewandte Geographie sich so versteht, daß sie eine spezielle Länderkunde für bestimmte Berufe oder Bevölkerungskreise erarbeitet (z. B. Diplomaten, Kaufleute, Entwicklungshelfer, Ingenieure), die die Beziehungen zum Kultur- und Wirtschaftsleben miteinbegreift.

Das Problem einer Abgrenzung der Landeskunde gegenüber der Geographie liegt deshalb hauptsächlich auf dem Gebiet der 'Länderkunde' oder – noch umfassender gesagt – auf allen Gebieten der Anthropogeographie. So definiert Ruppert die Sozialgeographie als "die Wissenschaft von den raumbildenden Prozessen der Daseinsgrundfunktionen menschlicher Gruppen und Gesellschaften." [2] Zu diesen Grundfunktionen gehören: "In Gemeinschaft leben,

---

[1] *Fischer-Lexikon, Bd. 14: Allgemeine Geographie*, Frankfurt am Main 1959, S. 270.
[2] K. Ruppert, "Lernzielkatalog der mit räumlicher Planung befaßten Disziplinen", in: *Der Erdkundeunterricht*, Sonderheft 1, Stuttgart 1971, S. 67.

Wohnen, Arbeiten, Versorgen und Konsumieren, Sich-Bilden, Sich-Erholen, Verkehrsteilnahme und Kommunikation."[1] Gegenstand der Geographie auf diesem Gebiet wäre somit die Ordnung im Raum zu erforschen, darzustellen und zu interpretieren.

Im Gegensatz zur Geographie könnte die Landeskunde im Fremdsprachenunterricht etwa wie folgt definiert werden:

Landeskunde im Fremdsprachenunterricht ist die Wissenschaft von der Erforschung und Vermittlung von Verhaltensweisen einer Sprachgemeinschaft und den Bedingungen der Lebensgrundlage dieser Gemeinschaft, die dem Kommunikationsprozeß zugrundeliegen, ihn ermöglichen und fördern.

Im Unterschied zur Geographie betrachtet die Landeskunde geographische Tatbestände nur unter der Fragestellung, inwieweit ihre Kenntnis der Kommunikation förderlich ist.

Im Rahmen der Englandkunde soll das zuvor Gesagte am Beispiel "London" veranschaulicht werden:

Für die Geographie ist "England" eine naturräumliche, politische und wirtschaftliche Einheit. London nimmt innerhalb dieser Einheit eine Funktion wahr, die mit Hilfe geographischer Methoden erfaßt und analysiert wird. So interessieren den Verkehrsgeographen die Lage an der Themse, die natürlichen Verkehrswege und die Ausprägung eines Verkehrsnetzes im Hinblick auf die topographischen Voraussetzungen und die umliegenden Wirtschaftsräume. Die Siedlungsgeographie beschreibt Grund- und Aufriß der Stadt im Hinblick auf die verschiedenen Funktionen (s. o.). Sie gliedert die City, die Industriegebiete und die Wohnzentren aus, und beide bisher genannten Disziplinen untersuchen bei der Pendlerbewegung eine Erscheinung, die das Leben des "Londoners" beeinflußt. Die gewonnenen Untersuchungsergebnisse werden mit bereits vorliegendem Material verglichen und dienen so zur Bestätigung, Erweiterung oder Veränderung einer Grundaussage der Geographie.

Für die Landeskunde im Fremdsprachenunterricht ist England zunächst einmal der Raum einer bestimmten Sprachgemeinschaft, die sich gegen andere, benachbarte, abgrenzt. In diesem Raum ist London einer der Hauptanziehungspunkte sowohl für den Engländer selber als auch für den Touristen, den Studierenden, den Kaufmann, den Politiker oder den Angehörigen weiterer Gruppen. Welche Signifikanz für den Fremdsprachenunterricht ergibt sich daraus für die Behandlung Londons?

Unter dem Kommunikationsaspekt wird unter dem Thema "Verkehr" im Landeskundeunterricht zuerst die Erschließung der sprachlichen Mittel vorgenommen, die für diesen Bereich relevant sind. So sind Begriffe wie "eastbound", "westbound", "Western Region", "Green Line Coach", "queue up other side"

---

[1] K. Ruppert, a.a.O., S. 67.

und andere in ihrer situativen Bedeutung zu erfassen. Die Einbettung solcher Begriffe in zusammenhängende Rede – und diese wieder in eine typische Situation – sind die nächsten Schritte. "Going by Underground", "Taking a Taxi", "Changing Trains in London" überschreiben Situationen, die der Reisende bewältigen muß.

Der Zusammenhang zwischen Sprache und außersprachlichem Umfeld wird sichtbar. Die Bewältigung der genannten Situationen erfordert Kenntnisse menschlicher Verhaltensweisen (Anstellen an Haltestelle, Geben von Handzeichen im Verkehr, Anhalten von Taxis, Geben von Trinkgeldern) und Kenntnisse von Fakten, die die Orientierung in den verschiedenen Bereichen ermöglichen. So sind Fleet Street, Scotland Yard, das Westend und Westminster Namen, an denen man sich räumlich orientieren kann, denen daneben aber eine besondere landeskundliche Aussage zukommt.

Die Siedlung "London" erlangt unter dem Kommunikationsaspekt in der Hinsicht Bedeutung, daß der Fremde weiß, welche Funktion einzelnen Stadtteilen zukommt. Die Londoner Parks und der typische englische Rasen mögen den Geographen zu einer Untersuchung der klimatischen Bedingungen oder der Bedeutung von Grünflächen in Stadtgebieten anregen, für den Landeskundler sind sie vor allem unter dem Gesichtspunkt des Verhaltens des Menschen in seiner Freizeit betrachtenswert: so ist z. B. der englische Rasen zum Betreten da.

Landeskunde im Fremdsprachenunterricht zwingt zu einer die Schulfächer übergreifenden Betrachtung der Erscheinungsformen der fremdsprachlichen Welt. London als Hauptstadt lenkt den Blick auf Regierung und Parlament. Die Notwendigkeit, Sprache durch Fachkenntnisse zu erschließen, läßt sich auch hier deutlich machen. "House of Lords" kann nicht mit "Bundesrat" gleichgesetzt werden, der Begriff "Lobby" bedarf einer Erklärung, der englische Souverän hat nur in Teilbereichen die Funktion eines deutschen Bundespräsidenten.

Die Beschäftigung mit dem englischen Königshaus und den damit verbundenen sichtbaren Erscheinungsformen britischer Tradition führt in ein landeskundliches Gebiet, das exemplarisch dazu benutzt werden kann, das "Andere" und den "Anderen" verstehen zu lernen. Die Behandlung dieses Themas und vieler geschichtlicher Bereiche läßt sich mit der Begründung rechtfertigen, daß die gegenwärtigen Verhältnisse eines Landes durch die geschichtliche Entwicklung mitbestimmt worden sind. Landeskundliche Informationen zu solchen Themen gehen dann allerdings mitunter über den Rahmen des zur Kommunikation Erforderlichen hinaus; die Behandlung solcher Themen kann dem gegenseitigen Verstehen im Sinne der Völkerverständigung dienen, einer Haltung, die ebenfalls eines der Ziele des Fremdsprachenunterrichts darstellt. Das betrifft alle Bereiche, für die in der eigenen Kultur keine entsprechende Erscheinung vorzufinden ist.

Beim Vergleich geographischer und landeskundlicher Inhalte zum gleichen The-

menbereich wird deutlich, daß die Landeskunde im Fremdsprachenunterricht einen größeren Bereich erfaßt und ihn von ihrer unterschiedlichen Fragestellung her unter anderen Gesichtspunkten behandelt als die Geographie. Diese Gesichtspunkte sind
– die sprachlich-kommunikative Relevanz,
– die außersprachlich-situative Determination von Kommunikationsakten,
– der humanitäre Aspekt des menschlichen Verhaltens (das von geographischen Gegebenheiten abhängen kann),
– der sozialpsychologische Aspekt des Verständnisses des "Anderen".

Eine solche Abgrenzung ist gegenüber allen anderen benachbarten Disziplinen (außer der Geographie etwa Geschichte, Politologie, Soziologie, Anthropologie, Volkskunde etc.) durchführbar. Die Fragestellungen der Fachwissenschaften ergeben sich dabei immer aus diesen Wissenschaften selber, die Fragestellungen der Landeskunde im Zusammenhang mit der Fremdsprache und dem Fremdsprachenunterricht von der Sprache und ihren Sprechern her:

Fachwissenschaft	Landeskunde
Ausgangspunkt: Gegebenheiten des Landes Ziel: Generalisierung Methode:[1] Vergleich mit anderen Ländern ähnlicher Gegebenheiten	Ausgangspunkt: anthropogene Gesichtspunkte Ziel: Spezialisierung (auf *ein* Land und seine Bewohner) Methode: Vergleich mit dem eigenen Land

---

[1] Es wird hier selbstverständlich nur *ein* methodisches Grundprinzip angesprochen, das jedoch für die Unterschiedlichkeit grundlegend ist.

3. Vorüberlegungen zu einer Didaktik der Landeskunde

3.1. Die Universalia und der Sprachunterricht

Namhafte Lehrbuchautoren bauen ihre Sprachkurse auf folgendem Prinzip auf: am Anfang wird die fremde Sprache an Inhalten vermittelt, die einmal den Lernenden vertraut sind und zum anderen für das fremde Land ebenfalls zutreffen, ja für die meisten Länder gültig sind, deren Sprache man lernen könnte, oder die die eigene als Fremdsprache lernen könnten. In Analogie zu den semantischen Universalia kann man diese Inhalte als landeskundliche Universalia bezeichnen.[1]

Unter dem Aspekt der Landeskunde sind für den Sprachunterricht Universalia demgemäß Sachverhalte, die in vielen Ländern gleich sind oder zumindest aufgrund gleicher Prinzipien Gültigkeit besitzen.

Es sprechen einige gewichtige Gründe für eine derartige Wahl von Inhalten für den Sprachunterricht:

1. Der Lernende wird durch die neue Sprache, deren Artikulation, Wortschatz und Strukturen zu erlernen sind, vor genügend Schwierigkeiten gestellt, ohne daß er noch mit fremden Inhalten behelligt wird, die in Fächern wie Geographie, Geschichte, Sozialkunde etc. als alleinige Anforderungen bestehen würden.

2. Man kann Sprache an jedem Inhalt lernen; es liegt nahe, einen sowieso vertrauten zu wählen.

3. Dadurch, daß der Lernende sich in der Fremdsprache in sozusagen vertrauter Umgebung bewegen kann, in einer Umgebung, in der er sich tagtäglich ohnehin bewegt, wird er motivierter sein, als wenn er sich gleichzeitig mit dem neuen sprachlichen Material auch in unbekannten Situationen zu bewegen hat.

4. Der Schüler, besonders der jüngere, betrachtet die Fremdsprache, die er lernt, ohnehin eher als eine Geheimsprache denn als den Schlüssel zu einer fremden Kultur.

---

[1] Vgl. D. Götz / E. Burgschmidt, *Einführung in die Sprachwissenschaft für Anglisten*, München 1973², S. 40, Anm. 15, und H. Glinz, *Linguistische Grundbegriffe und Methodenüberblick*, Frankfurt 1970, S. 43.

Als Prinzip für den Aufbau von Sprachlehrgängen scheint also vorteilhaft zu sein,

– zunächst völlig von der Vermittlung landeskundlicher Inhalte abzusehen,
– mit allgemeinbekannten und in vielerlei Ländern gültigen Sachverhalten zu beginnen und
– erst allmählich Sachverhalte fremderer Art einzuführen,

so daß das traditionelle pädagogische Prinzip, vom Bekannten zum Unbekannten zu gehen, gewahrt bleibt.

Das klingt überzeugend, läßt aber bei näherer Betrachtung einige Fragen offen. Die Hauptfrage ist natürlich: Was sind Universalia, nun nicht mehr per definitionem, sondern konkret? Welches sind Sachverhalte, die über die Völkerdistinktionen und Kulturgrenzen hinweg Gültigkeit, Richtigkeit und Bedeutung besitzen?

Es scheint zwei Gruppen von universellen Inhalten zu geben:
1. die wirklichen Universalia,
2. die oberflächlichen Universalia, die der Probe der Konkretisierung nicht standhalten,

Einige überall gültige Sachverhalte sind etwa
– Zahlen,
– Richtungsangaben,
– Zeitangaben,
– Farben,
– Familienbeziehungen.

Man könnte diese Liste noch über eine Reihe weiterer struktureller Sachverhalte weiterführen, denn die Eigenart dieser Inhalte besteht eben darin, daß sie konventionsgebunden das Leben auf der Erde in den höheren Zivilisationen strukturieren; deshalb sind sie universal, aber auch blutleer, abstrakt, ordentlich, normal, gleich, ohne Interesse, zwar nötig, aber wenig erregend.

Sachverhalte, die auf den ersten Blick, also gleichsam nur an der Oberfläche als Universalia erscheinen, sind z. B. Inhalte wie:
– Haus und Leben im Hause,
– Reise und Verkehr,
– Post- und Bankwesen,
– Schule und Hochschule,
– Sport,
– Einkaufen u. a. m.

Der Grund für die Bezeichnung dieser Sachverhalte als nur oberflächlich universal mag durch einige Beispiele erhellt werden:

Weihnachten, Noël, Christmas, Natale als Wörter meinen alle dasselbe: die Zeit zwischen dem 24. und 26. Dezember als Zeit des Feierns mit der originalen Ursache der Geburt Christi als Motivation; weiterhin vielleicht noch: arbeitsfreie

Tage, besonderes Essen, Geschenke, Zeremonie – aber da wird es bereits speziell. Ein deutscher Heiligabend ist dem englischen Christmas Eve völlig unähnlich, und ganz unterschiedlich wird es dann, wenn die Gefühle berührt werden, die der originale Sprecher jeweils mit dem Wort verbindet, und dem, was es als Stimulus auslöst. Die Lehrbücher traditioneller Art – oder weniger polemisch: die vorliegenden Lehrbücher – tragen dieser Tatsache in den entsprechenden Kapiteln Rechnung, indem sie die unterschiedlichen Tatbestände darbieten oder sie evtl. in fiktiven Reisebeschreibungen der einen oder anderen Art einen ausländischen Besucher erleben lassen.

Der Bereich Sport ist etwas anders strukturiert, da er vielerlei Konkretisierungen erfährt. Einig wird man sich international noch bei der Definition sein – zumindest werden da die Unterschiede nicht größer sein als von Mensch zu Mensch innerhalb der gleichen Sprachgemeinschaft. Bei der Aufzählung und Wertung der gängigen Sportarten – etwa des olympischen Programmes – kann man sich wahrscheinlich auch noch einigen und insofern von Universalia reden. Aber wie ist es mit dem angelsächsischen Cricket, der Radrennbegeisterung der Romanen, dem Fußball diesseits und jenseits des Kanals und des Atlantiks? Auch die Frage, welcher Sport Zuschauersport, welcher Teilnehmersport, welcher elitärer Art ist, erfährt von Land zu Land unterschiedliche Beantwortung.

Selbst bei so elementaren Dingen wie Geschirr und Haushaltsgeräten, die durchaus als Universalia betrachtet werden, heißt es auf der Hut zu sein: es wäre Unsinn, Jean in einem Französischbuch zum Frühstück eine Tasse Kaffee trinken zu lassen; er nimmt eben "un bol de café au lait" zu sich.

Das Grundsätzliche wird hieraus wohl ersichtlich: Viele Tatbestände des Alltags scheinen auf den ersten Blick universal genug zu sein, entpuppen sich aber bei Spezialisierung und Detaillierung als durchaus landeskundlich unterschiedlich.

Daraus folgt, daß eine Beschränkung der sprachlichen Inhalte auf Universalia reiner oder wenig konkreter Art eine Verarmung für den Unterricht, eine unnötige Beschränkung, ja evtl. eine Irreführung für den Sprecher bedeutet. Den Sachverhalt der fortschreitenden Differenzierung durch Konkretisierung mag ein Diagramm noch einmal verdeutlichen:

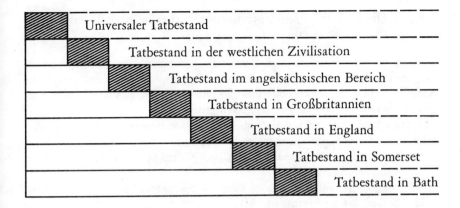

Universaler Tatbestand

Tatbestand in der westlichen Zivilisation

Tatbestand im angelsächsischen Bereich

Tatbestand in Großbritannien

Tatbestand in England

Tatbestand in Somerset

Tatbestand in Bath

Dabei bleibt die Quantität des Gemeinsamen in aufeinanderfolgenden Schritten stets gleich, aber mit fortschreitender Eingrenzung treten von einer Konkretisierungsstufe zur anderen distinktive Details hinzu, die dann in der nächsten wiederum gemeinsam sind. Der gemeinsame Bereich ist jeweils der weiß dargestellte, der unterschiedliche der schraffierte.

Um auf die Lehrbuchautoren zurückzukommen: reine Universalia der abstrakt-stukturellen Art als alleinige Inhalte machen ein Lehrbuch blutleer und sinnentleert; die oberflächlichen Universalia lassen sich nur künstlich aufrecht erhalten und verlieren im Sprachunterricht dann ihren Sinn, wenn sie den Schüler in den entsprechenden Situationen dadurch der Hilflosigkeit ausliefern, daß sie ihn ungenügend vorbereiten und ihm dabei das Gefühl der Sicherheit suggerieren, so daß er bei speziell-landesgebundener Umgebung unterschiedlichen, nicht gelernten und deshalb nicht zu bewältigenden Sachverhalten und Anforderungen gegenübersteht.

Das Prinzip bleibt: zuerst Inhalte, die im eigenen Land und dem der Zielsprache gleich oder ähnlich sind, danach Spezielleres und Unterschiedliches.

Nur darf man nicht vergessen, daß die landeskundliche Information manchmal schon in der Semantik liegt, und auf keinen Fall um eines abstrakten Lehrprinzips willen absichtlich und mit Kunstgriffen vermieden werden sollte. Sprache ist eben Form *und* Inhalt, eine Fremdsprache ist fremde Form und fremder Inhalt, und lebende Fremdsprachen sind kein Esperanto. Deshalb hat Landeskunde ihren Platz da, wo es sich ohne Künstlichkeit so ergibt, auch im Anfangsunterricht.

3.2. Die Ziele des Fremdsprachenunterrichts in ihrer Bedeutung für die Landeskunde

Da in unserer Konzeption Landeskunde als Fachgebiet immer im Zusammenhang mit dem Sprachunterricht oder einer Fremdsprache gesehen wird, kann eine Didaktik der Landeskunde nicht losgelöst von der Didaktik des Fremdsprachenunterrichts überhaupt postuliert werden.

Es besteht Einigkeit darüber, daß im Fremdsprachenunterricht drei grundsätzliche Ziele untrennbar miteinander verbunden sind:

1. die Vermittlung von sprachlichen Fertigkeiten (Hörverstehen/Sprechen; Leseverstehen/Schreiben);
2. die Vermittlung von Kenntnissen (über die Sprache und auch über die Kultur des Volkes, das die Sprache spricht);
3. das Hinarbeiten auf bestimmte Haltungen (der Unvoreingenommenheit, der Aufgeschlossenheit, der Toleranz dem fremden Volk und seiner Sprache gegenüber, vor allem aber der Verständigungsbereitschaft als Grundvoraussetzung jeglicher Kommunikation).

Diese grundsätzlichen Ziele des Sprachunterrichts müssen als Basis für die didaktische Diskussion des landeskundlichen Aspekts des Sprachunterrichts dienen und auf ihre Relevanz für diese Seite des Unterrichts untersucht werden.[1]

3.2.1. Die Fertigkeiten

Auf den ersten Blick sieht es so aus, als ob die im Sprachunterricht vermittelten vier Fertigkeiten des Hörverstehens, Sprechens, Leseverstehens und Schreibens mit der Landeskunde nichts zu tun hätten, handelt es sich doch um die Vermittlung und Übung von Artikulation, Wortschatz, Strukturen, der Umsetzung graphischer Zeichen in Laute und umgekehrt, alles Dinge, die mit dem Inhalt des Gesagten nichts zu tun zu haben scheinen.

Landeskundliche Relevanz hat jedoch zumindest die semantische Seite der Wortschatzvermittlung, da sehr viele Inhaltswörter neben einer allgemeinen oberflächlichen auch eine landeskundliche Bedeutung besitzen (Noël/Christmas/Weihnachten; Schulrat/school-inspector; Frühstück/petit déjeuner/breakfast etc.). Auch die Strukturen, so abstrakt sie nach ihrer Definition zu sein scheinen, entbehren nicht der landeskundlichen Relevanz, denn sie müssen im richtigen Augenblick in der richtigen Situation verfügbar sein. Soziolinguistische Infor-

---

[1] Per definitionem gibt es das Fach Landeskunde ohne die Umgebung des Sprachunterrichts nicht; falls doch so etwas erscheint, müßte es ehrlicherweise je nachdem als Politik, Geschichte, Geographie, Anthropologie, Sozialkunde etc. des fremden Landes bezeichnet werden.

mationen, auch wenn sie indirekt in der Situation und nicht kognitiv herausgehoben erteilt werden, sind in der Schule wie auf der Universität landeskundliche Hinweise auf Sprechergruppen, und Sprechgewohnheiten.[1] Beim Schreiben und Lesen schließlich ist es ganz losgelöst von den mitgeteilten Inhalten wichtig, einiges über die Schreibgewohnheiten graphischer und struktureller Art zu wissen, denn das Ziel des Sprachunterrichts ist es ja, die Schüler zum Kommunizieren mit Angehörigen des fremden Landes zu befähigen, und dazu müßte man eben nicht nur wissen, wie etwa ein persönlicher oder ein geschäftlicher Brief im fremden Lande strukturiert ist, sondern auch, wie handschriftlich ein "T", ein "X", eine "7" oder eine vierstellige Zahl aussehen. Das sind alles landeskundliche Kenntnisse, zugegebenermaßen der elementareren Art, die aber vernünftigerweise nicht zu umgehen sind.

3.2.2. Die Kenntnisse

Kenntnisse, die im Sprachunterricht vermittelt werden sollen, sind nicht nur solche *über* die Sprache. Man kann Gründe dafür anführen, daß Kenntnisse über die Sprache nur in begrenztem Maße vermittelt werden sollten:

1. an erster Stelle sollte die Sprache selber, d. h. Wortschatz und Strukturen, in bestimmten Kontexten gelernt werden, bevor Regeln zum Lernstoff werden;

2. Regeln und Wissen über Struktur, Entwicklung, Charakter etc. einer Sprache sind dem Erwerb der Kommunikationsfähigkeit evtl. sogar hinderlich;

3. für viele Schüler stellt die Sprache und ihre Verwendung zur Kommunikation eine genügend hohe Anforderung dar, ohne daß relativ abstrakte, wenngleich unter Umständen hilfreiche Kenntnisse über die Sprache als Lernziel hinzutreten.

Andererseits sollten um eines Prinzips willen nicht die Lernmöglichkeiten durch Einsicht oder Systematisierung, um nur zwei zu nennen, von vornherein ausgeschlossen bleiben.

Außer den Kenntnissen über die Sprache kann man inhaltliche Kenntnisse vermitteln; da jedoch Sprache an jedem Inhalt erlernbar ist, stellt sich die Frage nach der Auswahl der Inhalte. Bei ihrer Beantwortung ist es hilfreich, sich an das Globalziel jeden Sprachunterrichts zu erinnern, nämlich auf die Kommunikationsfähigkeit abzuzielen. Kommunikationsfähigkeit ermöglicht sprachliche Beziehung zu Menschen des fremden Sprachbereichs in bestimmten, voraussseh-

---

[1] Daß solche Sachverhalte im Rahmen der Sozio- oder Psycholinguistik studiert werden statt in "landeskundlichen" Veranstaltungen, tut der Richtigkeit dieser Behauptung keinen Abbruch.

baren Situationen und auch Informationsentnahme oder sprachlich vorherbestimmte Nutzung von – ganz allgemein ausgedrückt – Erzeugnissen oder Produkten aller Art der entsprechenden Sprachgemeinschaft. Die Kenntnisse, die zur Bewältigung aller in dem skizzierten Rahmen denkbaren Situationen nötig sind, sind landeskundliche, denn

– sie helfen dem Schüler, die Situationen richtig zu erfassen, zu deuten, um angemessen sprachlich zu reagieren;

– sie befähigen ihn, Erzeugnisse hinter ihren Bezeichnungen zu erkennen, ihre Herkunft zu bestimmen und sie richtig zu verwenden;

– sie geben ihm die Voraussetzung für die Verständigung mit Personen und Nutzung von Produkten ohne den Umweg der zusätzlichen, oft mühsamen Informationsbeschaffung.

Welcher Art die Kenntnisse für bestimmte Gruppen von Lernenden sein müssen, welche Menge an Informationen gegeben werden soll, in welcher Weise diese Kenntnisse vermittelt werden sollen, sind Fragen an den Didaktiker. Sie werden im folgenden ihre Beantwortung finden. In jedem Falle gehören zu den im Fremdsprachenunterricht vermittelten Kenntnissen von den Zielen und Erfordernissen dieses Unterrichts her landeskundliche Informationen und deren Auswertung.

3.2.3. Die Haltungen

Bestimmte Haltungen, ganz gleich welche, zum Ziel zu haben, ist vor allem deswegen problematisch, weil man die Erreichung des Zieles nicht empirisch überprüfen kann. Es ist nicht möglich, eine Haltung zu kontrollieren; man kann lediglich feststellen, ob bestimmte indikatorische Aktionen und Reaktionen feststellbar sind. Der Fremdsprachenlehrer sollte sich darüber keinen Illusionen hingeben: er kann nicht wissen, ob seine Schüler die von ihm intendierten Haltungen wirklich einnehmen. Dennoch ist es gerade im Fremdsprachenunterricht angezeigt, auf bestimmte Haltungen hinzuarbeiten:

1. Allein die Erlernung einer fremden Sprache und der Entschluß dazu, sofern er in Freiheit getroffen wird, zeigt ein Interesse an der Sprache und wohl auch an den originalen Sprechern und deren Kultur an. Welcher Art dieses Interesse ist, sei hier nicht differenziert; wichtig ist die Tatsache seines Vorhandenseins.

2. Mit dem Eindringen in den Wortschatz und die Strukturen – und damit in die geistigen Möglichkeiten und Traditionen – einer Sprache ist die Chance zu einer Durchdringung und zu einem Verständnis der Kultur und der individuellen Sprecher gegeben, die ohne den Schlüssel der Sprache nur unter

Schwierigkeiten vorhanden wäre. Denn durch die Kenntnis der Sprache kann jedermann direkte Beziehungen knüpfen. Die Verständigung geht nicht mehr über einen Dritten (Dolmetscher), der notwendigerweise nur sein Verständnis der gegebenen Information hin- und herübersetzen kann. Wortwahl und Ausdrucksweise geben Auskunft über den Sprecher – über die in der Sprache liegende Information hinaus, wobei der Sprecher als Angehöriger der anderen Kultur gesehen wird. Daraus erwächst die Verpflichtung, den Schlüssel, den die Sprache gibt, verantwortungsvoll und humanitär richtig und nützlich zu verwenden.

Es ist schwer, wertfrei von Haltungen zu sprechen, und unmöglich, sie ohne ein bestimmtes Korrelationssystem zu fordern. Deshalb ist Vorsicht geboten bei der Formulierung; man muß sich möglichst diesseits des Mißverständlichen, Ideologischen und damit Gefährlichen bewegen. Drei Grundsätze sind jedoch kaum disputabel:
1. der Grundsatz der Unvoreingenommenheit;
2. der Grundsatz der Duldsamkeit;
3. der Grundsatz des guten Willens, d. h. der Verständigungsbereitschaft auch über das rein Sprachliche hinaus.

Legt man diese drei Grundsätze der Zielformulierung in Bezug auf anzustrebende Haltungen zugrunde, so ergeben sich als Ziele:
1. Objektivität;
2. Toleranz;
3. Völkerverständigung.

Die ersten beiden sind Ziele, die durch die Unterrichtsmethodik und die Haltung des Lehrenden weitgehend zu erreichen sind und zu denen didaktische Nachbarwissenschaften zu wenig eindeutigen Ergebnissen gelangt sind. Die Völkerverständigung als Ziel des Sprachunterrichts jedoch ist durch neuere soziologische und psychologische Forschungen nicht unfundiert.

3.2.3.1. Landeskunde und Völkerverständigung

Einen vielversprechenden sozialpsychologischen Ansatz zu einer Didaktik der Landeskunde im Hinblick auf die zu erzielenden Haltungen hat Gottfried Keller näher untersucht.[1] Seine auf der Vorurteilsforschung basierenden Überlegungen seien hier stark vereinfacht referiert.

---

[1] Vgl. folgende Aufsätze von Gottfried Keller: "Kulturkunde und internationale Erziehung im Dienste der Völkerverständigung", in: *Die Neueren Sprachen* 6/1964, S. 283 ff.;
"Grundlegung der kulturkundlichen Didaktik durch ein sozialpsychologisches Modell der Völkerverständigung", in: *Die Neueren Sprachen* 12/1968, S. 617 ff.;
"Erkenntnisse der Sozialpsychologie als Grundlage der kulturkundlichen Didaktik", in: *Praxis* 3/1969, S. 261 ff.

Kellers sozialpsychologisches Modell der Völkerverständigung gründet sich auf die Tatsache, daß sowohl die Lerngruppe (in diesem Fall die Englisch lernenden deutschen Schüler usw.) als auch die Zielsprachengruppe vorgefaßte Ansichten über sich selber wie auch über die anderen haben, ein Autostereotyp und ein Heterostereotyp. Das Autostereotyp ist die Ansicht, die man über die eigene Gruppe hat, das Heterostereotyp entsprechend diejenige, die man über die fremde Gruppe hat:

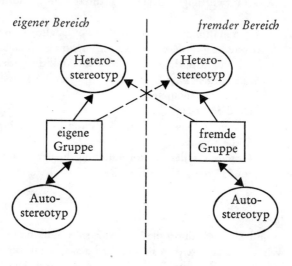

Die Art der Stereotypen hat Einfluß auf das Verhältnis beider Gruppen zueinander, je nachdem, wie sie grundsätzlich geartet sind, ob sie übereinstimmen oder divergieren.[1] Dabei sind folgende Konstellationen für den Didaktiker relevant:

1. Ausgangspunkt: das eigene Autostereotyp
Die Betonung der Andersartigkeit der fremden Gruppe gegenüber der eigenen wirkt kontakthemmend, die Bewußtmachung der gleichen normativen Erwartungen der eigenen und fremden Gruppe entsprechend kontaktfördernd.

2. Ausgangspunkt: das eigene Heterostereotyp (im Vergleich zum fremden Autostereotyp)
Die Diskrepanz zwischen dem eigenen Heterostereotyp und dem fremden Autostereotyp bezeichnet man als objektive soziale Urteilsdivergenz, – objektiv des-

---

[1] Über den Einfluß der Stereotypen auf die Verständigungsbereitschaft liest man interessanterweise schon 1858 in: E. Montegut, *La Mentalité française, Esquisse d'une définition du stéréotype français suivie d'un choix de textes*, Sèvres 1858.

wegen, weil die Abweichungen empirisch feststellbar sind und wirklich bestehen. Beide Gruppen besitzen das genannte Stereotyp tatsächlich. Da nun die objektive soziale Urteilsdivergenz kontakthemmend wirkt und die Veränderung des fremden Autostereotyps nicht in unserer Macht liegt, kann nur das eigene Heterostereotyp Ansatzpunkt der didaktischen Arbeit werden; es muß am fremden Autostereotyp umorientiert werden.

3. Ausgangspunkt: das vermutete fremde Heterostereotyp (im Vergleich zum eigenen Autostereotyp)

Als Autodistanz bezeichnet man die Abweichung zwischen dem eigenen Autostereotyp und dem vermutetem fremden Heterostereotyp. Diese Divergenz ist nicht objektiv, da sie nicht auf in beiden Gruppen vorhandenen Stereotypen beruht, sondern lediglich die eigene Gruppe betrifft. Wenn nun die eigene Gruppe Kenntnis vom wirklichen fremden Heterostereotyp erhält, so führt das einmal zu einer Korrektur (möglichst Verringerung) der Autodistanz und zum anderen zur kritischen Beschäftigung mit den eigenen Normen, beides im Sinne der Haltungsobjektivierung erstrebenswerte Vorgänge.

4. Ausgangspunkt: das eigene Heterostereotyp (im Vergleich zum vermuteten fremden Autostereotyp)

Entsprechend zur Autodistanz bezeichnet man als Heterodistanz die Diskrepanz zwischen dem eigenen Heterostereotyp und dem vermuteten fremden Autostereotyp. Eine Verringerung der Heterodistanz könnte dadurch erreicht werden, daß man über das wirkliche fremde Autostereotyp informiert und das eigene Heterostereotyp durch diese Information zu korrigieren versucht.

Keller faßt seinen didaktischen Ansatz folgendermaßen: "Da Stereotypen eine wichtige Funktion im Sozialverhalten des Menschen besitzen, indem sie ihm normative Erwartungen (Leitbilder) der eigenen Gruppe vermitteln und ihm Orientierungshilfen bieten, muß die Erziehung sich auf Vorurteile stützen. Dabei gilt es, solche Bilder (Kategorien) auszuwählen, die als Gruppennorm für die Eigengruppe und zum Verstehen von Fremdgruppen dienen und zugleich die verschiedenen Distanzerscheinungen verringern. Ferner erscheint es wesentlich, den Schülern die Einseitigkeit der Urteile über Völker bewußt zu machen und in ihnen die Bereitschaft zu wecken, ihr Bild vom Ausland zu erweitern und zu modifizieren." [1]

Ein solcherart verstandener landeskundlicher Unterricht müßte demnach vier Forderungen erfüllen:

1. Außer Informationen über die Andersartigkeit des fremden Volkes muß im Hinblick auf das eigene (durch empirische Sozialforschung festzustellende)

---

[1] Gottfried Keller, "Grundlegung der kulturkundlichen Didaktik durch ein sozialpsychologisches Modell der Völkerverständigung", in: *Die Neueren Sprachen* 12/1968, S. 624.

Autostereotyp den gleichartigen normativen Erwartungen Raum eingeräumt werden.

2. Es muß bei der Arbeit am eigenen Heterostereotyp mit den Charakteristika des fremden Autostereotyps begonnen werden, um zunächst einmal die objektive soziale Urteilsdivergenz abzubauen.

3. Um die Autodistanz zu verringern, ist es nötig, über das fremde Heterostereotyp zu informieren und zur Normenkorrektur Vergleiche anzustellen.

4. Zur Verringerung der Heterodistanz ist ferner eine Kenntnisvermittlung über das fremde Autostereotyp erforderlich.

Eine Zusammenarbeit mit der Sozialpsychologie ist anzustreben, um in kontinuierlichen Strukturanalysen die jeweiligen Stereotypen zu ermitteln. [1]
Diese Überlegungen sind von besonderer Bedeutung für die Sekundarstufe I [2]; die Ziele für den Unterricht, die sich aus ihnen ergeben könnten, gehen jedoch über die sonst in diesem Buch vertretenen landeskundlichen Minimalforderungen – Landeskundliches nur insoweit, als es zur Erweiterung der Kommunikationsfähigkeit beiträgt – hinaus. Dennoch wird bewußt diese Inkonsequenz in Kauf genommen, da Kommunikation ja erst auf der Grundlage der Verständigungsbereitschaft sinnvoll ist.

---

[1] Über angestellte Untersuchungen und erste Ergebnisse berichtet Keller in zwei Aufsätzen: "Die Funktion von Stereotypen beim Erkenntnisprozeß im kulturkundlichen Unterricht", in: Die Neueren Sprachen 4/1969, S. 175 ff.; "Erkenntnisse der Sozialpsychologie als Grundlage der kulturkundlichen Didaktik", in: Praxis 3/1969, S. 261 ff.

[2] Vgl. dazu H. v. Hentig, "Allgemeine Lernziele der Gesamtschule", in: Dt. Bildg.-Rat, Gutachten u. Studien ... 12, Lernziele der Gesamtschule, Stuttgart 2. Aufl. 1971, bes. S. 42 ff. "Das Leben in der Einen Welt".

4. Landeskunde in der Schule

4.1. Die Ziele

4.1.1. Grundlagen einer Zielformulierung

Bei der Formulierung von Zielen für den landeskundlichen Aspekt des Fremdsprachenunterrichts sind folgende Aspekte zu berücksichtigen:
– die grundsätzlichen Ziele jeden Sprachunterrichts (die Vermittlung von Fertigkeiten, Kenntnissen und Haltungen),
– das Globalziel der jeweiligen Schulstufe (etwa Kommunikationsfähigkeit in Alltagssituationen in der Grundstufe und der Sekundarstufe I, für die Sekundarstufe II Kommunikationsfähigkeit in allgemeinbildenden und speziellen Situationen),
– der soziale Aspekt des künftigen Rollenspiels in Verbindung mit der Fremdsprache (Konsument, Reisender, Person im Kontakt mit Ausländern),
– die anthropogenen und soziokulturellen Voraussetzungen der jeweiligen Schulzweige und -stufen,
– der jeweilige Leistungsstand in der fremden Sprache,
– das Auftreten der Landeskunde als implizierte Landeskunde in der Semantik der Sprache, als nicht unbedingt an die sprachliche Erschließung eines Textes gebundene Kenntnisvermittlung oder als Hilfsdisziplin bei der Interpretation literarischer Texte.

4.1.2. Grundstufe und Sekundarstufe I

Grundstufe und Sekundarstufe I decken einen Zeitraum von acht Unterrichtsjahren, die der Schüler von seinem 8. bis 16. Lebensjahre durchläuft. Acht Lebensjahre in diesem Alter umfassen eine Vielzahl von Entwicklungsstufen; das macht eine gemeinsame Zielformulierung für diese Stufen problematisch. Das gleiche Problem tritt jedoch auf, wenn man die beiden Stufen getrennt voneinander betrachtet: die Grundstufe wäre dann zwar gesonderter Aufmerksamkeit sicher, die Sekundarstufe I böte aber nach wie vor ein so komplexes Bild, daß auch dann eine weitere Differenzierung nötig würde.
Dennoch lassen sich für den Sprachunterricht Gesichtspunkte anführen, die eine kombinierte Gesamtbetrachtung rechtfertigen könnten; es sind dies

– der nach den heutigen Normverhältnissen noch beiden Stufen gemeinsame Anfangsunterricht, so fragwürdig eine solche Abgrenzung von Anfangsunterricht und "eigentlichem" Unterricht auch ist,
– das beiden Stufen gemeinsame Globalziel der Kommunikationsfähigkeit in Alltagssituationen,
– die deutliche Absetzung beider Stufen in Ziel, Methodik und genereller Bildungskonzeption gegenüber der folgenden Stufe, der Sekundarstufe II (Kollegstufe und integrierte fachberufliche Ausbildung).

Die Gemeinsamkeiten des Sprachunterrichts in den beiden letzten Grundschuljahren und in den beiden ersten Jahren der Sekundarstufe I scheinen also deren Unterschiede zu überwiegen. Für eine Differenzierung bei der Betrachtung der genannten acht Unterrichtsjahre liegt es dann nahe, den Block der Klassen 3/4/5/6, d. h. Grundstufe und (z. B. in Niedersachsen) Orientierungsstufe der Sekundarstufe I, dem der Klassen 7–10 gegenüberzustellen.

Dabei ist dann jedoch vom Aspekt der Leistungsprogression bei der Spracherlernung her zu berücksichtigen, daß sich bei durchgeführtem Sprachunterricht in der Grundstufe Konsequenzen für die betroffenen Schüler in Klasse 5 und 6 ergeben, denn für diese ist ja in der Orientierungsstufe der Sprachunterricht kein Anfangsunterricht mehr. Vielleicht sollte man praktischerweise einfach von Sprachunterricht der fortgeschrittenen Stufe sprechen.

4.1.2.1. Das Globalziel

Bei der Aufstellung eines Globalzieles für die acht Jahrgänge brauchen von den in 4.1.1. genannten Aspekten zwei zunächst nicht berücksichtigt zu werden, nämlich die jeweilige Altersstufe und der Grad der Leistungsprogression bei der Spracherlernung. Es bleiben also vier konstituierende Aspekte der Zielstellung zu beachten:
– die grundsätzlichen Ziele jeden Sprachunterrichts,
– das Globalziel für den Sprachunterricht in diesen Schulstufen,
– das künftige Rollenspiel der Schulabgänger, also der Zukunftsaspekt, und ggf.
– die grundsätzlichen Erscheinungsweisen der Landeskunde.

Von den grundsätzlichen Zielen her betrachtet ergibt sich folgende Zielformulierung für die Landeskunde im Sprachunterricht.

Es muß so viel Landeskunde betrieben werden,
– wie die Ziele der Fertigkeitsvermittlung der Schulstufe erfordern (Landeskunde als semantische Hilfe),
– wie die stufenweise differenziertere Kenntnisvermittlung im Hinblick auf vorhandene Zeit und Nachbardisziplinen zuläßt, und

– wie zur Erzielung der Haltung einer zunehmenden Toleranz und Verständnis-
bereitschaft für das fremde Volk notwendig erscheint.[1]
Diese Zielformulierung ist vage und muß es auch sein, denn sie berücksichtigt ja
nicht konkrete schulspezifische Voraussetzungen und Forderungen. Eine Hilfe
für die Konkretisierung gibt uns die Globalzielsetzung für den Sprachunterricht
in dieser Stufe.
Deren erster Bestandteil "Kommunikationsfähigkeit" liefert eine negative Abgrenzung: alle Vorgänge im Sprachunterricht auf dieser Stufe sind auf die Er-
langung der Fähigkeit zu kommunizieren bezogen, also kein Bestandteil des
Unterrichts ist ein Zweck in sich selber. Der landeskundliche Unterricht ist demgemäß dem Globalziel unterzuordnen und hat dienende Funktion: was auch
immer an landeskundlichen Themenstellungen auftritt, dient dem Ziel, dem
Lernenden zu einer sich immer vergrößernden Kommunikationsreichweite zu
verhelfen, d. h., ihm immer mehr Gebiete zu erschließen, auf denen er mit Re-
präsentanten (nicht nur Personen) der fremden Sprache in sprachlichen Austausch
treten kann.
Diese Gebiete sind nicht unbegrenzt oder willkürlich auswählbar, denn – und
da hilft die zweite Komponente der Globalzielformulierung – der Lernende soll
in Alltagssituationen, nicht in unalltäglichen, speziellen, fachgebundenen oder
gar Ausnahmesituationen kommunizieren können.
Der landeskundliche Unterricht in seinen Erscheinungsformen hat dort seine
Grenze, wo er nicht mehr der Erzielung einer Kommunikationsfähigkeit in der
fremden Sprache dient und wo seine Stoffe und Problemstellungen den Bereich
der Alltagssituationen verlassen.
Diese Zielformulierung befriedigt aus zwei Gründen nicht: sie ist negativ gefaßt und enthält den immer noch relativ dehnbaren Begriff "Alltagssituation".
Das Kochen von "roast beef and Yorkshire pudding" ist nämlich ebenso eine
Alltagssituation wie Segeln auf den Norfolk Broads oder das Herausfinden der
Theaterprogramme aus einer Zeitung. Die Alltagssituationen lassen sich ins Un-
endliche vermehren, womit sich das Dilemma des Didaktikers vergrößert.
Ein Auswahlgesichtspunkt im Hinblick auf die sogenannten Alltagssituationen
bietet sich an im sozialen Zukunftsaspekt der Rollen, in denen sich der Schul-
abgänger der Sekundarstufe I befinden kann. Es sind dies mehr allgemein zu-
treffende Rollen wie
– Konsument ausländischer landwirtschaftlicher und industrieller Produkte,
– Konsument ausländischer geistiger und künstlerischer Produkte (Bücher, Filme,
Popmusik u. ä.),
– Reisender ins Ausland,

---

[1] Vgl. dazu auch H. Schrey, "Englischunterricht und Englandkunde", in: *Praxis* 4/1968,
S. 355 ff.: "... vom Verstehen zur Verständigung ...".

– Person im Kontakt mit Ausländern im eigenen Land (Gastarbeiter, Touristen u. ä.),

und mehr für den Einzelfall geltende Rollen wie
– beruflich im eigenen Land in irgendeiner Weise mit dem ausländischen Element Befaßter,
– beruflich im Ausland Arbeitender,
– jemand, der eine Ehe mit einem Ausländer schließt oder auf ähnliche Weise in ein verwandtschaftliches Verhältnis mit Ausländern kommt.

Die Rollen, die nur für den Einzelfall zutreffen, könnte der Schuldidaktiker unberücksichtigt lassen mit der Begründung, daß sie
– einmal nur für eine Minderheit gelten und insofern sekundäre Bedeutung haben und
– zum anderen ihre Lernmotivation für den Betreffenden in sich selber tragen, so daß er auf der Basis seiner Kommunikationsfähigkeit in den allgemeiner gültigen Rollen seine Kommunikationsreichweite von sich aus ausdehnen kann und wird.

Es bleiben so zur Eingrenzung der für den Sprachunterricht relevanten Alltagssituationen nur drei zukünftige Rollen übrig:
– die Konsumentenrolle,
– die Rolle des Reisenden,
– die Rolle des Alltagskontaktes mit Fremden im eigenen Land.[1]

Aus der Kombination der beiden oben versuchten vorläufigen Zielformulierungen mit den soeben angestellten Überlegungen ergibt sich:

Globalziel des Fremdsprachenunterrichts unter landeskundlichem Aspekt in der Grundstufe und der Sekundarstufe I ist es,
– dem Schüler zur Kommunikationsfähigkeit in den Situationen zu verhelfen, die sich aus seinen zukünftigen Rollen als Konsument realer und ideeller Produkte des fremden Landes, als Reisender ins Ausland und als einer, der im eigenen Lande mit Ausländern Kontakt hat, ergeben, und
– in ihm eine Haltung der Kontakt- und Verständigungsbereitschaft zu erwecken.[2]

Dabei ist zu berücksichtigen, daß die Schüler wahrscheinlich sehr häufig Aussagen zu Sachverhalten im eigenen Land machen müssen. Kenntnisse über das fremde

---

[1] Einer im Juni 1972 an der Integrierten Gesamtschule Braunschweig-West durchgeführten Umfrage zufolge hat diese Rolle bereits bei den Schülern der 5. Klasse als Erwartung an den Sprachunterricht und Motivation eine große Bedeutung.

[2] Vgl. dazu wiederum H. Schrey, "Englischunterricht und Englandkunde", in: *Praxis* 4/1968, S. 355 ff. — Wegen des in dieser Arbeit vertretenen minimalistischen Ansatzes bleiben weitere Rollen für den "gebildeten" Menschen wie z. B. die Rolle des demokratischen Bürgers etc. unberücksichtigt, obwohl sie nach Ansicht namhafter Wissenschaftler an dieser Stelle durchaus ihren Platz haben könnten (vgl. W. Jaide, *Jugend und Demokratie*, 1970).

Land sind insofern nützlich, als sie ihnen dazu verhelfen, das für den Gesprächs-
partner Wesentliche zu erkennen und zu formulieren.

Von der aufgestellten Zielformulierung her lassen sich in Zusammenschau mit
der die Fertigkeiten betreffenden Zielsetzung Themen für den landeskundlichen
Aspekt des Sprachunterrichts entwickeln. Ebenso können im Zusammenhang mit
den hier vollzogenen Vorüberlegungen zu Altersgemäßheit und Leistungsprogression Teilziele für die einzelnen Stufen innerhalb des großen Schulabschnittes
hergeleitet werden.

4.1.2.2. Die Grundstufe

Da sich der Fremdsprachenunterricht in der Grundstufe noch im Versuchs-
stadium – allerdings mit ersten Ergebnissen – befindet, ist besonders bei der Aussage über Ziele des landeskundlichen Aspekts des Unterrichts Vorsicht geboten.
Aus der Vielzahl der Forschungsprojekte zum Englisch- oder Französischunterricht in der Grundstufe wurde diesen Überlegungen dasjenige von Peter Doyé
in Braunschweig geleitete zugrundegelegt, weil

- das benutzte Lehrbuch (L. G. Alexander, *Look, Listen and Learn!*, Longman)
  von vornherein am wenigsten landeskundlich vorgeprägt ist,
- seit der Tagung der Sprachlehrenden der Pädagogischen Hochschule Niedersachsen im Februar 1972 in Hildesheim detaillierte Zielformulierungen vorliegen, die allerdings zur Landeskunde noch keine Aussage enthalten,
- das zu vermittelnde Wort – und Strukturenmaterial in Form von Listen zu
  jeder Jahrgangsstufe genau bestimmt ist,
- die Erstellung eines standardisierten Tests über das Stadium der Vorversuche
  hinaus fortgeschritten ist.[1]

Es liegt besonders auf dieser Stufe nahe, die Fremdsprache zunächst an universalen Inhalten aus dem Erfahrungsbereich der Kinder zu vermitteln. Über die
Bedeutungserschließung bei der Wortschatz- und Strukturenvermittlung werden
ohnehin sehr bald landeskundliche Kenntnisse einfließen müssen, wenn exakt
gearbeitet wird. Das Hauptbestreben wird jedoch dem dritten der grundsätzlichen Unterrichtsziele des Sprachunterrichts gelten: auf eine Haltung der prinzipiellen Aufgeschlossenheit gegenüber der fremden Sprache und ihren Sprechern
hinzuwirken. Das kann bereits durch ansprechende Bebilderung des benutzten
Lehrwerkes geschehen; außerdem wird die Haltung des Lehrenden als Vorbild
von Bedeutung sein.

Ziel des Sprachunterrichts in der Grundstufe unter landeskundlichem Aspekt ist
es demnach,

---

[1] Vgl. P. Doyé / D. Lüttge, "Das Problem des optimalen Zeitpunktes für den Beginn
des Englischunterrichts — Begründung und Aufriß des Forschungsprojekts FEU", in:
Die Deutsche Schule 6/1972 und 7—8/1972.

– bei der Wortschatzvermittlung über die Bedeutungserschließung systematisch landeskundliche Kenntnisse zu Einzelaspekten zu vermitteln und
– auf eine aufgeschlossene Haltung dem fremden Volke gegenüber hinzuarbeiten.

Dabei soll Kommunikationsfähigkeit in solchen Situationen und über solche Vorgänge erzielt werden, die der Altersstufe entsprechen und bei denen weitgehende Übereinstimmungen in beiden Ländern festzustellen sind.
Eine Konfrontation unterschiedlicher Tatbestände zu Vergleichszwecken soll die Ausnahme bleiben.

4.1.2.3. Die Orientierungsstufe (Klassen 5 und 6)

In dem Fall, der bis jetzt in der Bundesrepublik noch die Regel darstellt, daß nämlich der Fremdsprachenunterricht in den Klassen 5 und 6 Anfangsunterricht ist, gelten abgesehen von der höheren Altersstufe und der dadurch unterschiedlichen Alltagserfahrung ähnliche Vorbedingungen wie beim Grundstufenanfangsunterricht; darüber hinaus ist jedoch – und das scheinen Umfragen zur Erwartungs- und Motivationsstruktur zu bestätigen – der Zukunftsaspekt der Anwendung bereits von Bedeutung. Man kann also so formulieren:
Ziel des Anfangsunterrichts unter landeskundlichem Aspekt ist es,
– bei der Bedeutungsvermittlung in der Wortschatzarbeit landeskundlich exakt vorzugehen,
– landeskundliches Wissen in Alltagssituationen aus dem Erfahrungsbereich der betreffenden Altersstufe im Hinblick auf die zukünftigen Rollen (Konsument, Reisender, Kontakt mit Ausländern) zu vermitteln, wobei eine weitgehende Beschränkung auf nicht unterschiedliche Tatbestände in beiden Ländern wünschenswert ist,
– und dabei durch Herausstellung der gemeinsamen Normen eine Haltung der Verständigungs- und Kontaktbereitschaft anzustreben.
Dieses Ziel ist für den weiterführenden Unterricht insofern zu modifizieren, als außer den Gemeinsamkeiten auch Unterschiede zum eigenen Land dargestellt werden, mehr und andere Situationen zu behandeln sind und sich dadurch der Kommunikationsbereich erweitert.

4.1.2.4. Ab Klasse 7

Parallel zur Perfektionierung der Fertigkeiten und zur Erweiterung der Kenntnisse von der Sprache und über die Sprache vergrößert sich auch die Anzahl der Situationen, in denen der Schüler die Kommunikationsfähigkeit erwirbt. Die gegenwärtigen und vor allem die zukünftigen Rollen in Verbindung mit der Fremdsprache werden aus pragmatischen Gründen immer wichtiger zur Moti-

vierung; die zunehmende Neigung der Schüler, Urteile (auch Vorurteile) zu fällen, rücken den Haltungsaspekt des Unterrichts in den Vordergrund. Sieht man einmal von den in Niedersachsen, Hessen und Nordrhein-Westfalen projektierten Versuchen mit themenorientierter Differenzierung in den Gesamtschulen ab, so ergibt sich:
Ziel des Sprachunterrichts unter landeskundlichem Aspekt ab Klasse 7 ist es,
– bei der Bedeutungsvermittlung in der Wortschatzarbeit landeskundlich exakt vorzugehen,
– landeskundliches Wissen in Alltagssituationen im Hinblick auf die zukünftigen Rollen (Konsument, Reisender, Kontakt mit Ausländern) zu vermitteln und den Schüler dadurch zur Kommunikation in den sich ergebenden Situationen zu befähigen und
– dabei durch die Erschließung von Informationen eine auf sachlichen Kenntnissen basierende Haltung der Unvoreingenommenheit, Toleranz und Verständigungs- bzw. Kontaktbereitschaft anzustreben.
Hierin sind sowohl die oben abgeleiteten Grundsätze für den fortgeschrittenen Anfangsunterricht als auch die alters- und leistungsprogressionsgemäßen Erweiterungen berücksichtigt.

4.1.3.   Sekundarstufe II

Die heute existierende Form der Sekundarstufe II ist die reformierte Oberstufe, in der die Unterteilung in Jahrgangsklassen aufgehoben ist und die im Kollegbetrieb geführt wird. Zahlreiche unterschiedliche Organisationsversuche komplizieren allerdings die Übersicht und erschweren die Aufstellung von Einzelzielen für den Sprachunterricht. Die in einigen Bundesländern angestrebte Einbeziehung auch der berufsbezogenen Ausbildung in die Organisation der Sekundarstufe II verwirrt das Bild noch weiter. Deshalb sollte Sekundarstufe II keineswegs mehr mit Gymnasialoberstufe gleichgesetzt werden; die bisherigen didaktischen Grundlagen und die daraus resultierenden Richtlinien müssen neu überdacht werden.
Am besten geht man auch hier von den in 4.1.1. aufgeführten Grundlagen für eine Zielformulierung aus: das sind
– die grundsätzlichen Ziele jeden Sprachunterrichts,
– das Globalziel der Sekundarstufe II (Kommunikationsfähigkeit in allgemeinbildenden und speziellen Situationen),
– der Zukunftsaspekt,
– die anthropogenen und soziokulturellen Voraussetzungen,
– der sprachliche Leistungsstand,
– die Erscheinungsformen der Landeskunde.[1]

Alle Punkte außer dem zweiten und dritten scheinen zunächst wenig geeignet für eine Zielformulierung, da sie mehr allgemeine, wenn auch wichtige Gesichtspunkte sind, die bei der Formulierung einzelner Ziele in der konkreten Unterrichtssituation ihre Rolle spielen. Hier jedoch gilt es, den Rahmen abzustecken, innerhalb dessen die Ziele von Unterrichtseinheit zu Unterrichtseinheit zu finden sind.

Das Globalziel für den Sprachunterricht in der Sekundarstufe II gibt von vornherein wieder eine Grundlinie: landeskundlicher Unterricht ist im Rahmen dieses Globalziels zu erteilen; er ist also in Verbindung mit Kommunikationsakten und nicht als Selbstzweck zu sehen. Es sind dabei die in 2.4. herausgearbeiteten Trennungslinien zu den verwandten Großdisziplinen Geographie, Geschichte, Politologie, Soziologie etc. und die enge Verbindung mit dem Sprachlichen zu berücksichtigen.

Als Anhaltspunkt für die inhaltliche Abgrenzung kann der zweite Teil der Globalzielformulierung dienen: in allgemeinbildenden und speziellen Situationen. Über die Verwaschenheit der Formulierung kann man sich nicht wundern, wenn man bedenkt, was im Zusammenhang mit dem eingangs zur Sekundarstufe II Gesagten alles in Betracht zu ziehen ist:

Es müssen nämlich im Rahmen einer neugefaßten Sekundarstufe II folgende landeskundlich-kulturwissenschaftliche Aspekte im Sprachunterricht gedeckt werden:

– philosophisch-weltanschauliche
– allgemein-geisteswissenschaftliche
– geographische
– historische
– politisch-soziologische
– ökologische
– speziell-wissenschaftliche (naturwissenschaftliche, psychologische, wissenschaftshistorische u. a.) und auch
– speziell-berufsbezogene Aspekte.

Aus diesem Grunde sind die beiden Adjektive "allgemeinbildend" und "speziell" für die Globalzielformulierung gewählt worden.

---

[1] Die Bezeichnung Landeskunde reicht beinahe nicht mehr aus, um alles das abzudecken, was an Inhaltlichem im Sprachunterricht der Sekundarstufe II auftreten könnte. Auf den Tagungen der Sprachlehrenden der PH Niedersachsen 1971 und 1972 wurde deswegen bereits die Bezeichnung Kulturwissenschaft vorgeschlagen, obwohl bei dem Bestandteil "-wissenschaft" niemandem wohl war. Aber wie sonst wäre die Behandlung geisteswissenschaftlicher, naturwissenschaftlicher oder technologischer Inhalte zu fassen? Der Durchgängigkeit der Terminologie zuliebe sei hier jedoch weiterhin von Landeskunde die Rede.

Eine Antwort auf das genaue "Was" des landeskundlichen Unterrichts ist aus dem Zukunftsbezug zu erwarten.

Absolventen der Sekundarstufe II werden

– entweder direkt ins berufliche Leben gehen mit seinen verschiedenen Zweigen und Möglichkeiten von Situationen im Zusammenhang mit der fremden Sprache,

– oder an den Hochschulen die verschiedensten Fachrichtungen studieren, die ihrerseits wieder Möglichkeiten von Situationen im Zusammenhang mit der fremden Sprache enthalten.[1]

Für den landeskundlichen Unterricht in der Sekundarstufe II ergeben sich hieraus vier Fragen:

1. Inwieweit kann so etwas wie ein landeskundlich-kulturwissenschaftliches Fundamentum erzielt werden?

2. Ist ein derartiges, wie auch immer abgegrenztes Fundamentum für jeden Absolventen der Sekundarstufe II in einem sprachlichen Fach notwendig oder auch nur wünschenswert?

3. In welchem Maße muß die Sekundarstufe II den speziellen Erfordernissen jedes einzelnen Absolventen mit seinen individuellen Zielen Rechnung tragen?

4. Wie kann ein solcherart strukturiertes Angebot organisiert werden, und welche Ziele kann man demgemäß erreichen?

Dieser Fragenkomplex bietet Ansatzpunkte für die hier zu lösende Aufgabe. Da ist zunächst das Stichwort Angebot: die Organisatoren einer Sekundarstufe II im Bereich Sprachen haben über ein Angebot zu entscheiden; die Entscheidung über die Nutzung des Angebots fällt in einem Kollegsystem der Absolvent selber.

Außerdem ist ersichtlich, daß ein solches Angebot kaum allen individuellen Bedürfnissen Rechnung tragen kann. Ein Auswahlprinzip muß gefunden werden; es muß jedoch so gestaltet sein, daß sowohl der künftige Kaufmann, Handwerker oder Facharbeiter als auch der künftige Geisteswissenschaftler, Naturwissenschaftler, Arzt oder Jurist auf die Situationen im Zusammenhang mit der Fremdsprache vorbereitet wird, in die er nach Absolvierung der Sekundarstufe geraten kann.

Ziel des landeskundlich-kulturwissenschaftlichen Unterrichts im Rahmen des Fremdsprachenunterrichts in der Sekundarstufe II ist es dann also, im Zusammenhang mit der Entwicklung der sprachlichen Fertigkeiten

---

[1] Über die grundsätzlichen Voraussetzungen und prinzipiellen Überlegungen zur Gestaltung einer künftigen Sekundarstufe II vgl. u. a. H. Blankertz, "Kollegstufenversuch in Nordrhein-Westfalen — das Ende der gymnasialen Oberstufe und der Berufsschulen", in: *Die Deutsche Berufs- und Fachschule*, 1/1972, S. 2 ff.

– in exemplarischer Weise die Kenntnisse zu vermitteln, die zur Beherrschung zukünftiger allgemeiner (s. Sekundarstufe I) und spezieller Situationen in Verbindung mit der Sprache nötig sind,

– mit einem Einstieg in die entsprechenden Bereiche die Möglichkeit der eigenen Weiterarbeit des Absolventen sicherzustellen und

– im Rahmen der Kenntnisvermittlung unter Berücksichtigung sozialpsychologischer Erkenntnisse zu der Haltung der Verständigungsbereitschaft mit Angehörigen des fremden Volkes hinzuführen.

Diese Zielformulierung, so locker sie gefaßt sein mag, hat thematische, methodische und mediale Konsequenzen, die einer Curriculum-Planung als Leitlinien dienen können: Wenn also exemplarisch gearbeitet wird, ist das Angebot so zu gestalten, daß die einzelnen Themen eine Einführung in den Stoff, aber mehr noch in die Arbeitsweise und die sprachliche Bewältigung der einzelnen obengenannten Disziplinen bietet. Methode wird so selber zum Thema, und ist darauf Rücksicht zu nehmen, daß der Studierende lernt, wie er entsprechend seinen individuellen Bedürfnissen weiterarbeiten kann. Auch die Hilfsmittel sind schließlich so auszuwählen, daß sie nicht nur im Augenblick des Unterrichts ihren Zweck erfüllen, sondern darüber hinaus dem Studierenden für seine weitere Arbeit Impulse geben und ihn dazu anregen, sie weiterhin zu benutzen.

4.2. Die landeskundlichen Themen des Fremdsprachenunterrichts

4.2.1. Grundsätzliches zur Themenformulierung

Auf der Grundlage der vorangegangenen Zielformulierungen ist es möglich, konkrete Aussagen zur landeskundlichen Thematik des Fremdsprachenunterrichts zu machen. Dabei soll zweckmäßigerweise die gleiche Reihenfolge wie bei der Zielfindung eingehalten werden: erst Grundstufe und Sekundarstufe I, dann die einzelnen Unterabschnitte innerhalb dieses Komplexes, schließlich die Sekundarstufe II.

Dadurch daß zunächst die Globalziele in Globalthemenkataloge umgesetzt werden, kann es allerdings geschehen, daß bestimmte Themen, die zunächst obenan zu stehen scheinen, mit Rücksicht auf den zu erwartenden Leistungsstand und auf die anthropogenen bzw. soziokulturellen Voraussetzungen im Einzelfall an eine spätere Stelle gerückt werden müssen.

4.2.2. Die landeskundlichen Themen in der Grundstufe und der Sekundarstufe I

Zwei Kriterien in der Globalzielformulierung können hauptsächlich für eine inhaltliche Eingrenzung der landeskundlichen Thematik dienen:

1. die zukünftigen Rollen (Konsument, Reisender, Person im Kontakt mit Ausländern im eigenen Lande) und
2. die sich aus den sozialpsychologischen Erkenntnissen im Hinblick auf Völkerverständigung ergebenden Anforderungen an das Unterrichtsmaterial zur Arbeit
   - am eigenen Heterostereotyp zur Verringerung der Heterodistanz und der objektiven sozialen Urteilsdivergenz und
   - zur Verringerung der Autodistanz am eigenen Autostereotyp im Vergleich zum fremden Heterostereotyp.

Die aus 2. sich ableitenden thematischen Forderungen sind leicht, schnell und allgemein zu fassen: es müssen Texte, Bilder, Dokumente, Filme etc. folgender thematischer Richtung geboten werden:
1. sie müssen Rückschlüsse auf das fremde Autostereotyp zulassen, also Äußerungen sein von Angehörigen der fremden Gruppe über ihre eigene Gruppe, die außer dem Vergleich mit dem eigenen Heterostereotyp das Auffinden von Gemeinsamkeiten mit dem eigenen Autostereotyp zulassen, d. h. demgemäß Beinahe-Universalia, wie sie sich für den Anfangsunterricht fast von selber zu ergeben scheinen;
2. sie müssen Rückschlüsse auf das fremde Heterostereotyp zulassen, also Äußerungen von Angehörigen der fremden Gruppe über die eigene Gruppe sein.

Wesentlich länger und konkreter zu fassen ist die thematische Konsequenz aus dem Zukunftszielaspekt. Wenn der Schulabgänger als zukünftiger Konsument von realen und ideellen Produkten des Auslandes gesehen wird, mit welchen landeskundlichen Inhalten müßte er dann bekanntgemacht werden? Die gleiche Frage gilt entsprechend für den Reisenden und den Bekannten von Ausländern. Folgende Themen sollten wohl angesprochen werden:
1. Für den zukünftigen Konsumenten

realer Güter:
   - Namen von Produkten,
   - Verpackungsarten,
   - Kataloglisten,
   - Gebrauchsanweisungen,
   - Herkunft von Produkten,
   - Handel allgemein,
   - Werbung und Werbungspsychologie;

ideeller Güter:
   - Gattungen und Medien,
   - Herkunft,
   - Autoren,
   - Beschaffung von Produkten der gewünschten Art (Bestellungen, Kataloge etc.),

- Wissenschaft,
- Technologie,
- Journalismus;
2. Für den Reisenden:
   - elementare nicht-anekdotische geographische, politische und wirtschaftlich-finanzielle Informationen über das Land,
   - die öffentlichen Verkehrsmittel und die Spielregeln ihrer Benutzung,
   - das Beherbergungswesen, soweit nicht "universal",
   - elementare geschichtliche und kunsthistorische Informationen im Zusammenhang mit "sightseeing",
   - die Alltagslebensweise im fremden Land,
   - Verwaltung,
   - elementare juristische Informationen,
   - Tatsachen des kulturellen Lebens (von der Diskothek bis zum Opernhaus);
3. Für den, der mit Ausländern im eigenen Land Kontakt hat:
   - Unterschiede in der Lebensweise (Verhinderung von Mißverständnissen),
   - die unter 1. genannten Informationen zur Hilfeleistung und eigenen Orientierung,
   - Informationen über die Berufsstruktur und die Schulen des fremden Landes,
   - die Sozialstruktur des fremden Landes,
   - elementare rechtliche Gegebenheiten im fremden Land (Ehe, Besitz, Unfall, Instanzen) [1],
   - Verkehrsverhältnisse im Vergleich.

Es ist selbstverständlich, daß diese schematische Reihung nicht die didaktische Reihenfolge im Unterricht ist. Es werden sich vielmehr Überschneidungen und Entsprechungen ergeben.

Grundsätzlich ist vom Universellen zum Speziellen fortzuschreiten, z. B. zunächst fast Gemeinsames im Tagesablauf anzusprechen, dann auf Unterschiede in der täglichen Umwelt (Geld, Läden, Schule etc.) einzugehen, schließlich dann evtl. Themen zu behandeln, die ihre Verankerung in der Geschichte und Tradition des Landes haben. Wichtig ist immer die altersgemäße Erfaßbarkeit des Fremden, im Zusammenhang mit der eigenen Erfahrungswelt.

4.2.2.1. Die landeskundlichen Themen in der Grundstufe

Aus dem Ziel des Sprachunterrichts unter landeskundlichem Aspekt in der Grundstufe ist ersichtlich, daß es schwer möglich ist, bestimmte Unterrichtsthemen verbindlich festzulegen. Das kommt einfach daher, daß es einmal landeskundliche Unterweisung mehr oder weniger nur im Rahmen der Bedeutungs-

---

[1] In diesem Rollenbereich fallen die meisten haltungsrelevanten Sachverhalte an.

erschließung bei der Wortschatzvermittlung gibt, daß zum anderen Zahl und Art der Situationen im Unterricht schon aus zeitlichen, mehr aber noch aus Altersgründen begrenzt sind, und daß schließlich der zweite Teil der Zielformulierung nur vage gefaßt ist und folglich nur eine ähnlich schwachumrissene thematische Ableitung zuläßt.

Immerhin gibt es zwei Anhaltspunkte, von denen bei der Aufstellung von Themen ausgegangen werden kann:

1. die dem Unterricht jeweils zugrundeliegende Liste der zu vermittelnden Wörter und

2. der didaktisch-methodische Ansatz des situativen Unterrichts, der sich aus der Globalzielformulierung ergibt: Kommunikationsfähigkeit in Alltagssituationen.

Dazu käme noch die Auswahl der Unterrichtsmedien, die z. B. bei einem vorgegebenen Lehrbuch bestimmend in die landeskundliche Thematik des Unterrichts hineingewirkt oder aber nach Feststellung von Intention und Thematik selber Gegenstand der didaktischen Entscheidung wird.

Es ist der Wortschatz, der die landeskundliche Thematik hauptsächlich bestimmt. Geht man beispielsweise die Wortschatzlisten für das 3. und 4. Schuljahr des Braunschweiger Projekts FEU durch, so fallen als landeskundlich-thematisch trächtige Wörter auf:

bei den Substantiven: biscuit, breakfast, exercise, exercise-book, headmaster, Mr, Mrs, Miss, nationality, playground, stamp, umbrella;

bei den Adjektiven: American, English, French, German, Italian – und evtl.
auch: busy, funny, handsome, hot, nasty, nice

für Klasse 3, und entsprechend für Klasse 4

bei den Substantiven: America, autumn, Britain, bus, chimney, England, forecast, Germany, map, seaside, season, spring, summer, term, tube, winter, tea;

bei den Verben: to rain, to travel, to ride;

bei den Adjektiven: cool, dry, freezing, left, right, sunny, warm, wet, windy.[1]

Legt man das Prinzip der landeskundlichen Exaktheit bei der Bedeutungsvermittlung zugrunde, so müßten folgende Themen irgendwie und immer wieder einmal angesprochen werden:

– Elementargeographie des fremden und des eigenen Landes,

– Klimaverhältnisse, d. h. das Wetter,

– Verkehrsverhältnisse (Linksverkehr in Großbritannien z. B.),

– Schule,

---

[1] Sofern es für andere Versuche Wortlisten in diesem Sinne gäbe, sähen sie ähnlich aus. Die Braunschweiger Liste ergibt sich aus der Progression des benutzten Lehrbuches: L. G. Alexander, *Look, Listen and Learn!*, Longman, London 1968.

- der Bereich des täglichen Lebens in einer Familie des entsprechenden Landes,
- die Mahlzeiten,
- die elementaren Formen des täglichen Umgangs,
- Architektur des Hauses im fremden Lande,
- das Spezifische der sozialen Klassifizierung (nice man/good man/ good chap etc.),
- das Postwesen.

Alles das wird natürlich nicht systematisch oder gar nacheinander abgehandelt, sondern fließt eben in die Text- und Wert-Semantik mit ein und wird – das ist das zweite Auswahlkriterium – in Situationen aus dem (möglichen) Erfahrungsbereich der Schüler gelehrt, gelernt und reproduziert. Wenn der Lehrer nun noch prinzipiell alles Englische und die Engländer (bzw. die Entsprechung für andere Sprachen) positiv, anregend und interessant darstellt, kommt man dem zweiten Ziel der Landeskunde (den oben definierten Haltungen) zweifellos näher.

4.2.2.2. Die Orientierungsstufe

Bei der Diskussion der landeskundlichen Themen im Fremdsprachenunterricht der Orientierungsstufe muß unterschieden werden zwischen
reinem Anfangsunterricht (wie er in der großen Mehrzahl der bundesdeutschen Schulen in dieser Stufe üblich ist) und
dem "Fortgeschrittenen"-Unterricht für diejenigen Schüler, die im Rahmen der Grundstufe bereits mit der Fremdsprache in Berührung gekommen sind und nun in speziellen Klassen weiterführenden Sprachunterricht erhalten sollten, d. h. nicht mit Anfängern in einer Gruppe unterrichtet werden.

Diese Unterscheidung ist deswegen ratsam, weil derjenige Schüler, der bereits über Wortschatz und Strukturen verfügt, mehr Konzentration für neue inhaltliche Komponenten des Unterrichts aufbringen kann als der, der mit der Konfrontation mit dem neuen Sprachmaterial schon genügend Schwierigkeiten zu meistern hat.

Im Rahmen dieser Arbeit liegt es nahe, zunächst mit dem reinen Anfangsunterricht zu beginnen, um dann mit fortschreitender Progression der sprachlichen Fertigkeiten die Grundstufenanfänger sozusagen vom Inhaltlichen her mit einordnen zu können.

Es handelt sich in der Orientierungsstufe um Schüler zwischen 10 und 12 Jahren, die aus den verschiedensten Milieus und Familien stammen. Eine Differenzierung ist noch nicht erfolgt; wenn sie schließlich vorgenommen wird, ist die Leistung des Schülers ihre Grundlage. Das bedeutet für die Aufstellung thematischer Forderungen an den Unterricht, daß von einer Vielzahl verschiedener soziokultureller Gegebenheiten ausgegangen werden muß – wie übrigens auch schon in der Grundstufe, deren Unterschiedlichkeit auszugleichen die Aufgabe der Orientierungsstufe ist. Eine gemeinsame Basis wird – so könnte man meinen – im Fremdsprachenunterricht verhältnismäßig leicht dadurch erreicht, daß ja allen Schülern von Anfang an die gleichen sprachlichen Fertigkeiten vermittelt werden, die dann unter landeskundlichem Aspekt eine allen Schülern gemeinsame Metasprache für die Bewältigung der Inhalte ergeben.

Unter dieser Voraussetzung mögen die Unterschiede eher quantitativer als qualitativer Art sein, so daß sie bei der Themenwahl im Sprachunterricht nicht zu sehr ins Gewicht fallen werden. Auch im weiterführenden Unterricht – evtl. nach vollzogener Differenzierung – werden die landeskundlichen Inhalte deswegen eher von der fertigkeitlichen Progression als von der gesellschaftlichen Herkunft der Schüler abhängen.

Drei Punkte bestimmen die Zielsetzung in dieser Stufe:
– das Semantische,
– die Kenntnisse über möglichst gleichnormierte Sachverhalte im eigenen und fremden Land,
– die aufgeschlossene Haltung.

Zum ersten Punkt, dem Semantischen, gilt das gleiche wie für den Sprachunterricht auf der Grundstufe; Themen, die angesprochen werden müssen, sind etwa
– Elementargeographie,
– Klimaverhältnisse,
– Verkehrsverhältnisse,
– Schulen,
– das tägliche Leben in der Familie,
– die Mahlzeiten,
– die elementaren Formen des täglichen Umgangs,
– die Architektur der Wohnung oder des Hauses im fremden Land,
– das Postwesen,
– das Bankwesen,
– die spezifische Art der sozialen Klassifizierung
und wahrscheinlich je nach projektiertem Wortschatz eine Reihe von anderen.

Die sprachwissenschaftlich exakte Verfahrensweise verlangt, daß bei der Bedeutungsvermittlung von Wörtern und Ausdrücken sowie bei der situativ-kontextuellen Einordnung von Strukturen aus den angesprochenen Bereichen landeskundliches Wissen vermittelt wird.

Bei den zu vermittelnden Kenntnissen in landeskundlicher Sicht gilt es, folgende Auswahlkriterien zu beachten:

– es sind solche Inhalte auszuwählen, die möglichst gleiche oder ähnliche Verhaltens- und Urteilsnormen in beiden Gruppen besitzen;
– es muß sich um Inhalte handeln, die dem Erfahrungsbereich der Zehn- bis Zwölfjährigen entstammen;

– die Inhalte müssen für die zukünftigen Rollen der Schulabgänger in Verbindung mit der Fremdsprache belangvoll, d. h. verwertbar, sein;
– die Inhalte müssen der sprachlichen Progression der Schüler angemessen sein.

Es empfiehlt sich – um eine uralte Weisheit wieder aufzuwärmen –, von dem unmittelbar Erfahrbaren zum Entfernten zu gehen. Wenn man sich also sowieso im Klassenraum, d. h. in schulischer Umgebung, befindet, sollte man auch vom Thema des Schulischen ausgehen (Klassenraum, Population der Schule, Tätigkeiten, Aufgaben), dies mit Hilfe von Medien auf den fremden Raum ausdehnen und dann weitergehen zu

Freizeit (Sport, Clubs, Scouts, Diskothek etc.),

Leben in der Familie (Mahlzeiten, Hausarbeit, Freizeit zu Hause, Familienverhältnisse),

Einkaufen,

Geldwesen,

Ferien (Touren, Familienferien).

Diese Themen haben außer der landeskundlichen Bedeutung den methodischen Vorteil, daß vom Bekannten, vom im eigenen Leben Ähnlichen her das Unbekannte erschlossen werden kann.

Um den Anschluß zu finden zur vertrauten Kindheitstradition der fremdsprachlichen Welt, könnten die wichtigsten Märchen und Kinderklassiker des anderen Landes behandelt werden; für den angelsächsischen Raum sind rein von der Semantik her Geschichten wie "Peter Pan" und "Alice in Wonderland" relevant.

4.2.2.3. Ab Klasse 7

Ab Klasse 7 gibt es im Grunde zwei Gruppen von Inhalten, an denen sich das Lernen der Fremdsprache vollzieht:
– die eigentlich landeskundlichen Inhalte, über die im Folgenden ausführlich gesprochen wird, und
– Inhalte, die zur Landeskunde im oben definierten (und auch traditionellen) Sinne nicht gehören, aber trotzdem in Verbindung mit Sprache auftreten und sogar mit dem fremden Land zu tun haben: Inhalte, die in Lehrgängen mit Titeln wie "Business English", technisches Englisch, Russisch für Naturwissenschaftler etc. behandelt werden müssen.

Die zweite thematische Gruppe wird erst in der Sekundarstufe II einen hervorragenden Platz im Lehrangebot einnehmen, doch auch in der Sekundarstufe I gibt es z. B. im Zusammenhang mit themenorientierter Differenzierung in Gesamtschule bereits Versuche mit Lehrgängen dieser Art. Mit der wachsenden fertigkeitlichen Leistungsfähigkeit geht eine sowohl quantitative – vor allem räumliche und zeitliche – als auch qualitative Ausweitung des Landeskundlich-Inhaltlichen parallel. Obwohl das Grundprinzip des situativ Verwertbaren vom

Globalziel für die Sekundarstufe I her immer an erster Stelle steht, ergeben sich eine Reihe der im Folgenden aufgeführten Themen aus linguistischen, hauptsächlich semantischen Gründen und vom Ziel der Haltungsschulung her. Unter diesem Gesichtswinkel sind ab Klasse 7 im Fremdsprachenunterricht nachstehende Themenbereiche mit ihren Unterbereichen von Belang:

a) Bereich Freizeit/Ferien
Viele landeskundliche Sachbereiche lassen sich, wie unten noch gezeigt wird, von diesem thematischen Bereich aus erschließen. Freizeit und Ferien sind aus zwei Gründen für die Altersstufe zwischen Klasse 7 und 10 ein guter Ausgangspunkt: einmal werden die Situationen, die der Schüler und der Schulabsolvent in der Fremdsprache zu bewältigen hat, hauptsächlich diesem Bereich des Alltags entstammen; zum anderen deckt sich die freizeitliche Erlebnis- und Erfahrungssphäre insofern mit der eigenen der Unterrichteten, als bei ihnen in diesem Alter die Initiative für eigene Unternehmungen und die Lust am konkreten Planen erwacht.
Außer den Wochentagsfreizeitbeschäftigungen wie Sport, Clubs, Popkonzerte – live oder im Radio, Briefmarkensammeln und ähnlichen Aktivitäten, die bereits für die Orientierungsstufe als relevant erkannt worden sind und auf der Sekundarstufe I ab Klasse 7 lediglich konkreter und exakter gefaßt werden, treten jetzt in wachsendem Maße z. B.
– Touren und Ausflüge mit landeskundlich-touristischen oder historischen Ergebnissen,
– Sonntags- und Wochenendausflüge mit oder ohne die (bildungsbewußten) Eltern und Verwandten,
– Ferienreisen und ihre Planung
in den Vordergrund, wodurch die verschiedenartigsten Kenntnisse von der Geographie über die Geschichte bis zu den Erfahrungstraditionen und Feriengewohnheiten der Heranwachsenden im fremden Land vermittelt werden. Themen des Fremdsprachenunterrichts in diesem Bereich sind dann etwa
– Besuch der Hauptstadt (im Unterricht auch als konkrete Planung einer Klassenfahrt),
– historisches, kulturhistorisches oder politisches 'sightseeing',
– Verkehrswesen, soweit im konkreten Fall relevant,
– Institutionen von alltäglicher Bedeutung (Post, Bank, Telefondienst, Polizei etc.),
– das Beherbergungswesen (Camping, Jugendherbergen, Gästehäuser, Hotels), besonders bei lokal abweichenden Charakteristika, etc.

b) Bereich Kultur/Institutionen
Einige Einzelthemen in diesem Bereich sind im vorhergehenden Abschnitt auch schon zu finden. Das liegt daran, daß alle Bereiche unter die Überschrift "Alltag"

fallen und sich Einzelaspekte von daher überschneiden. So sind einige Institutionen für den Freizeitbereich von Bedeutung, andere mehr gesamtkulturell; ebenso verhält es sich mit Bildungs- und Erfahrungstraditionen und den Dingen, die "man" im fremden Land besichtigt. Man könnte demnach diese Unterbereiche herausgliedern:
- Besichtigungen bedeutungsvoller Orte (und deren Geschichte),
- Bildungs- und Erfahrungstraditionen in ganz bestimmten sozialen Schichten und geographisch-kulturellen Regionen,
- politische und weitere gemeinnützige Institutionen,
- Geschichte – anekdotisch, aber eingeordnet in Informationszusammenhänge,
- Musik und Kunst und ihre Institutionen,
- Massenmedien,
- Literatur im Sinne von Textentschlüsselung vom Fahrplan bis zur Zeitung,
- Mode etc.

Bei jeder landeskundlich-thematischen Planung ist das Problem zu berücksichtigen, daß ein Wohnland ein anderes Gesicht zeigt als ein Ferienland; beide Aspekte sind in diesen ersten thematischen Bereichen berücksichtigt; die übrigen zwei Bereiche sind demgegenüber neutraler.

c) Bereich Produkte/Industrie/Werbung

Dieser thematische Bereich trägt der Konsumentenrolle der Schulabgänger Rechnung. Unterbereiche wären etwa
- Waren und ihre Bezeichnungen,
- Verpackungsarten,
- Gebrauchsanweisungen,
- Werbung,
- Massenmedien,
- Herkunft von Produkten,
- Urheberschaft und Urheberrecht allgemein,
  dazu in Überschneidung mit den beiden anderen thematischen Bereichen evtl.
- Werkstatt- und Fabrikbesichtigungen.

d) Bereich Geographie

Die Geographie ist eine Wissenschaft mit vielen Disziplinen; in vielen der obengenannten Themen werden einer oder mehrere Zweige der Geographie ohnehin angesprochen. Insgesamt wird im Laufe der Sekundarstufe I an einer Vertiefung und Erweiterung der geographischen Kenntnisse über das Land der Zielsprache gearbeitet werden müssen. Themen von besonderer Wichtigkeit für den Sprachunterricht sind etwa
- Provinzen/Landschaften,
- die politische Gliederung,
- lokale Sprachgewohnheiten, Dialekte.

Es ist selbstverständlich, daß diese Themenbereiche mit ihren Unterthemen nicht jeweils als ein Kapitel im Lehrbuch gedacht sind oder jeweils eine Unterrichtseinheit füllen sollen; sie sollten vielmehr in konzentrischen Kreisen behandelt und erweitert werden, denn sie durchdringen sich gegenseitig und überschneiden sich auch. Dieser Tatsache sollte im Unterricht durch Kombination mehrerer thematischer Aspekte Rechnung getragen werden. Es wäre beispielsweise denkbar, als situativen Rahmen für eine Unterrichtseinheit im Englischunterricht eine Radtour nach Wales zu wählen. Dabei würden dann folgende thematischen Unterbereiche ihren Platz finden können:

- Initiative und Planung der Fahrt,
- Geographie – politisch, sprachlich, landschaftlich, wirtschaftlich usw.,
- Geschichte (politische Entwicklung, anekdotisch: Prince of Wales),
- Institutionen,
- Verkehr,
- Beherbergung,
- Feriengewohnheiten.

In welcher Weise dieses Kombinationsprinzip auf Methoden und Medien ausstrahlt, wird in einem weiteren Kapitel gezeigt werden.

4.2.3. Die landeskundlichen Themen des Fremdsprachenunterrichts in der Sekundarstufe II

Nach den in 4.1.3.1. zur Zielfindung für einen landeskundlichen Unterricht in der Sekundarstufe II angestellten Überlegungen sind die landeskundlichen Themen in dieser Stufe vier Schwerpunkten zuzuordnen:
- dem allgemeinbildenden Bereich,
- der Erzielung bestimmter Haltungen,
- dem speziell berufs- oder studienorientierten Bereich,
- dem Erwerb landeskundlicher Arbeitsweisen zum Zwecke späteren Selbststudiums.

Auch hier gibt es natürlich, zumal ja exemplarisch gearbeitet werden muß, Überschneidungen innerhalb der einzelnen Bereiche, besonders innerhalb des allgemeinbildenden und des Haltungsbereichs.

a) Der allgemeinbildende Bereich
Die Inhalte dieses Bereiches sind hauptsächlich drei thematischen Gruppen zuzuordnen:
- der sozialen Thematik
  - Gesellschaft
    z. B. Gesellschaftsstruktur, Minderheitsprobleme, Mobilität, Gesellschaftsbildung, Sozialität, Lebensstandard;

- soziale Einrichtungen

  z. B. Bildung einschließlich Berufs- und Erwachsenenbildung, Wohnungswesen, Gesundheits- und Altersfürsorge;
- der politischen Thematik

  z. B. Legislative, Exekutive einschließlich Selbstverwaltung, Machtgruppen,
  Außenbeziehungen;
- der wirtschaftlichen Thematik

  z. B. typische Produktionsleistungen, Handel, Planung: Raum/Verkehr/Wirt-
  schaft/Versorgung.[1]

2. Der Haltungsbereich

Alle im allgemeinbildenden Bereich genannten Inhalte können ebenfalls der
Haltungsschulung dienstbar gemacht werden; es müßten dann in besonderem
Maße die unter 3.2.3. angeführten Kriterien für die Auswahl des Unterrichts-
materials berücksichtigt werden. Diese Kriterien können aber auch erfordern,
daß die angestrebte Haltung der Kontakt- und Verständigungsbereitschaft auch
an anderen als rein landeskundlichen Themen vermittelt werden muß. So können
literarische Texte, Filme, Bilddokumente, Werke der bildenden Kunst u. a. sowohl über das Fremde wie über das eigene Land zum Unterricht herangezogen
werden, wenn dadurch eines der in 3.2.3.1. genannten Ziele erreicht werden
könnte, nämlich

- Einsicht in gleichnormierte Sachverhalte,
- Abbau der Autodistanz,
- Abbau der Heterodistanz.

Es müssen also Unterrichtsthemen benutzt werden, die über das fremde Autostereotyp und das fremde Heterostereotyp informieren, d. h. Aussagen von Ver-
tretern der fremden Gruppe über sich selber und über die Gruppe der Lernenden
bieten.

3. Der spezielle berufs- oder studiengebundene Bereich

Es könnte im Sprachunterricht an einer neugestalteten Sekundarstufe II Kurse
geben wie

- die Sprache des Geschäftsmannes,
- die Sprache für Naturwissenschaftler,
- die Sprache der Technologie,
- die Sprache für Verkäufer, Monteure im Ausland, Entwicklungshelfer usw.

In einer sowohl allgemein- wie berufsbildenden Kollegstufe sind im Zusammenhang mit der Fremdsprache die verschiedensten Spezialkurse denkbar. Es ist

---

[1] Dieser inhaltliche Alternativkatalog, dessen Themenbereiche als mit fortschreitendem
Lernen in konzentrischen Kreisen erarbeitbar gedacht sind, ist das Ergebnis der Arbeits-
kommission "Landeskunde" der Pädagogischen Hochschulabteilungen Göttingen und
Braunschweig in der Pädagogischen Hochschule Niedersachsen.

jedoch fraglich, ob die Inhalte solcher pragmatisch ausgerichteter und mit speziellem Ziel angebotener Lehrgänge der Landeskunde zuzuordnen sind; nach den in Kapitel 2 entwickelten Kriterien ist das sicher nicht der Fall. Dennoch sollte der spezielle Bereich der sprachlichen Inhalte in dieser Aufstellung nicht unerwähnt bleiben. Die Curriculum-Entwicklung sollte die hier angesprochene Frage klären helfen.

4. Der Bereich der landeskundlichen Arbeitsweisen

Da im Fremdsprachenunterricht der Sekundarstufe II nicht jedem individuellen Bedürfnis vom Thematischen her Rechnung getragen werden kann, muß dem Absolventen die Fähigkeit vermittelt werden, seine eigenen Interessen in selbständiger Eigenarbeit zu verfolgen. Dazu muß er lernen, wie er arbeiten sollte und welche Hilfsmittel er sich nutzbar machen kann. Auf diese Weise werden
– landeskundliche Arbeitsweisen und
– die Beschaffung und Auswertung von informatorischen und arbeitserleichternden Hilfsmitteln
zum Thema des Sprachunterrichts. Wenn auch nicht im Unterricht ausschließlich mit Methoden und Hilfsmitteln gearbeitet werden soll, die für eine selbständige Eigenarbeit der Kollegstufenabsolventen von Belang sind, so sollte doch die Vermittlung solcher Arbeitsweisen einen Schwerpunkt im Unterricht bilden.

4.3. Methoden und Medien im Hinblick auf den landeskundlichen Aspekt des Fremdsprachenunterrichts

4.3.1. Grundsätzliches zu Methoden und Medien

Wie im Kapitel 3.2. bereits ausgeführt, leitet sich das landeskundliche Ziel des Fremdsprachenunterrichts aus seiner Einbettung in den Kommunikationsprozeß ab. Diese Einbettung macht deutlich, daß es eine eigenständige landeskundliche Methodik außerhalb des Sprachunterrichts nur in beschränktem Umfange geben kann. Viele Arbeitsweisen, die im Fremdsprachenunterricht verwendet werden, sind deshalb auch Arbeitsweisen unter landeskundlichem Aspekt.
Der Einsatz von Medien für die Präsentierung landeskundlicher Inhalte und ihr Einsatz innerhalb des Fremdsprachenunterrichts können nicht voneinander getrennt werden.[1]

---

[1] Vgl. u. a. A. Barrera-Vidal, "Thesen zur curricularen Reform des Fremdsprachenunterrichts am Beispiel des Französischen", in: *Die Neueren Sprachen* 2/1972, S. 203: "1.2. Ein Curriculum stellt somit einen logischen Implikationszusammenhang zwischen den verschiedenen didaktischen Komponenten her. Hierbei geht es um drei Komponenten, die voneinander wechselseitig abhängig sind:
1.2.1. Die Lernziele (Intentionalität des Unterrichts), (Fortsetzung S. 58)

Einige Prinzipien treten jedoch vom landeskundlichen Aspekt her motiviert hinzu:
- Differenziertheit der Darbietung,
- Vielseitigkeit des inhaltlichen Angebots,
- Vergleich der unterschiedlichen Sachverhalte,
- möglicher gezielter Einsatz der Muttersprache.

Zunächst das Prinzip der Differenziertheit und Unterschiedlichkeit der Inhalte und Aussagen zu einem vorliegenden Thema: In der Englandkunde – und bei anderen Sprachen liegen die Dinge ähnlich – bedarf z. B. die in vielen Lehrbüchern auftretende englische Standardfamilie (zwei Kinder, Vater ist Angestellter, besitzt Haus mit Garten, Auto usw.) der Ergänzung durch weitere Familien anderer Schichten, Größe, materieller Ausstattung und Lebensgewohnheiten. Auch die Standardlandschaften der französischen Lehrbücher (Paris, die Loire, Weinbaugebiete, Mittelmeerküste) bedürfen der Erweiterung. Die Forderung zur Darstellung der Vielfalt und Gegensätze ist somit ein wichtiges Prinzip, das der Einseitigkeit, dem Klischee vorbeugen kann.

Eine weitere für den landeskundlichen Aspekt typische Arbeitsweise ist der Vergleich der Sachverhalte der Zielkultur mit der eigenen. Um dem Lernenden am Beginn des Sprachlernprozesses eine Häufung von Schwierigkeiten aus dem Wege zu räumen, werden Inhalte behandelt, die die landeskundliche Unterschiedlichkeit vermeiden. Mit zunehmender sprachlicher Ausdrucksfähigkeit wird der Schüler aber auch die Differenziertheit verschiedener landeskundlicher Erscheinungen erkennen und die Unterschiedlichkeit der Ordnung der Umwelt durch die Sprache erfahren. Der Kontrast mit der fremdsprachlichen Umwelt dient als motivierendes Element im Sprachunterricht überhaupt.

Der gezielte Einsatz von Muttersprache für den Erwerb landeskundlicher Kenntnisse ist ein weiterer Bereich, der über die Fremdsprachenmethodik hinausgeht. Dabei dürfen aber die Ziele und die Einbettung der Landeskunde in den Fremdsprachenunterricht nicht aus den Augen verloren werden. Der Einsatz der Muttersprache läßt sich nur da rechtfertigen, wo sie unter dem Kommunikationsaspekt
- Kenntnisse vermittelt, die die Situation, in der sich Sprache ereignet, erhellen;
- den landeskundlich determinierten Inhalt einer sprachlichen Fügung erklärt, sofern dieser mit fremdsprachlichen Mitteln nur ungenau, mißverständlich oder in einer über die sprachliche Kompetenz des Lernenden hinausgehenden Weise erarbeitet werden kann;

1.2.2. Die Lerninhalte (Thematik des Unterrichts),
1.2.3. Die Lernverfahren (Methodik des Unterrichts).
In diesem letzten Punkt ist die Frage der Medienwahl mit impliziert. Eine Entscheidung in einer dieser Fragen bezieht zugleich eine Entscheidung in den beiden übrigen Fragen mit ein."

– Inhalte vermittelt, die der Erzielung einer unvoreingenommenen und aufgeschlossenen Haltung dem Fremden gegenüber dienen, insbesondere unter dem Aspekt eines fächerübergreifenden Unterrichts.
Die Bedenken in der Literatur zur Fremdsprachenmethodik gegenüber dem Einsatz der Muttersprache im Sprachlernprozeß bleiben im übrigen unberührt.
Schließlich erfordert der landeskundliche Aspekt im Fremdsprachenunterricht eine Orientierung methodischen Vorgehens an der Übertragbarkeit und Anwendbarkeit der erworbenen Kenntnisse und Fertigkeiten auf die fremdsprachliche Realität. Das heißt: Sprache wird erlernt vor dem landeskundlichen Hintergrund. Der Unterricht bedient sich so weit wie möglich echter originaler Sprache und Sprecher, echter landeskundlich relevanter Situationen und echter originaler Medien.

4.3.2. Grundstufe und Sekundarstufe I

4.3.2.1. Methoden und Medien in der Grundstufe

Der Begriff Grundstufe deutet auf den Fremdsprachenunterricht innerhalb der ersten vier Schuljahre hin, der gegenwärtig mit dem Terminus "Frühbeginn" belegt wird. Sein Ziel ist die Erarbeitung einfacher Satzstrukturen unter Zuhilfenahme eines einfachen, auf die kindliche Umwelt bezogenen Wortschatzes (häufig Universalia) in möglichst realen Situationen.[1]
Bei der angegebenen Zielsetzung bleibt der landeskundliche Aspekt weitgehend unberücksichtigt. Das methodische Vorgehen richtet sich nach den Prinzipien, die der Fremdsprachenvermittlung allgemein zugrundeliegen. Der Wortschatz bietet einige wenige landeskundliche Hinweise. Es treten (englische, französische usw.) Namen auf, die Länder werden genannt, Grußformeln benützt. Die Schüler bezeichnen und erfragen die Dinge ihrer Umwelt. Der Beginn eines Dialogs in Form eines Austausches von Begrüßungsformeln kann dazu benutzt werden, den Schülern zu zeigen, daß z. B. das ständige Händeschütteln eine für Engländer unübliche Verhaltensweise ist.
Die Verwendung bestimmter Medien – hauptsächlich abbildender – ermöglicht allerdings, die fremde Umwelt gelegentlich im Unterricht erscheinen zu lassen. Die Bewußtmachung eines landeskundlichen Inhalts wird kaum angestrebt werden können. Das mögliche Interesse der Schüler, über den durch die neue Sprache plötzlich auftretenden Gegenstand (für den Frühenglischunterricht also "Eng-

---

[1] Vgl. dazu: H. Reisener, "Darbietungs- und Übungsformen im Englischunterricht des ersten Schuljahres", in: *Englisch* 2/1970, S. 49 ff. und P. Doyé / D. Lüttge, "Das Problem des optimalen Zeitpunktes für den Beginn des Englischunterrichts, I", in: *Die Deutsche Schule*, 6/1972, S. 377 ff.

land", "Englisch", "Engländer") mehr zu erfahren, läßt sich nur im Rahmen der Muttersprache befriedigen, ist aber eine weitere Gelegenheit, erste kindgemäße Informationen über die fremde Kultur zu geben. Der landeskundliche Aspekt tritt auf der Grundstufe nur sehr bedingt in Erscheinung. Diesen Sachverhalt veranschaulicht das Lehrwerk *Look, Listen, and Learn!* von L. G. Alexander [1], das sprachliche Universalia für den Sprachunterricht auf dieser Stufe bewußt verwendet.

4.3.2.2. Methoden und Medien in der Orientierungsstufe (Klasse 5 und 6)

Von den zwei Unterrichtsphasen der Sekundarstufe I hat der Anfangsunterricht im weiteren Sinne (Klasse 5 und 6) den Erwerb der in der Umgangssprache verwendeten Strukturen, die Kenntnis eines Wortschatzes, der sich vornehmlich am Gegenständlichen orientiert, und die Grundlegung einer möglichst einwandfreien Aussprache (Artikulation, Rhythmus, Intonation) zum Ziel. Er deckt sich damit in weiten Bereichen mit dem Unterricht in der Grundstufe. Er unterscheidet sich von diesem einmal dadurch, daß die Schüler, die an ihm teilnehmen, bereits im 5. Schuljahr sind, und daß ihm häufig mehr Unterrichtszeit eingeräumt wird. Beides beeinflußt die Auswahl der Inhalte und damit die Methodik. Wie wird in dieser Unterrichtsstufe das Landeskundliche, das über das Sprachliche in den Unterricht einfließt, repräsentiert?

Aus der Fülle der möglichen Medien für den Fremdsprachenunterricht [2] erhalten unter landeskundlichem Aspekt die folgenden ein besonderes Gewicht:
1. Texte (Lehrbuchtexte),
2. Muster (originale Gegenstände wie Briefmarken, Münzen, Kataloge, Postkarten, Kalender etc.),
3. Abbildende Medien wie Photos, Dias, Plakate, Film, Fernsehen, Wandbilder etc.,
4. Akustische Medien (Tonband, Schallplatte, Rundfunk etc.),
5. Symbolische Medien (Karten, Modelle, Diagramme, Pläne, Programme etc.). [3]
Dazu kommen Mischformen dieser Kategorien.

Wie die einzelnen Medien eingesetzt und die Inhalte erarbeitet werden, richtet sich nach den Prinzipien der Fremdsprachenvermittlung überhaupt. Einige grundsätzliche Ausführungen unter landeskundlichem Aspekt sind jedoch zu machen.

---

[1] L. G. Alexander, *Look, Listen, and Learn!*, Longman, London 1968.
[2] Vgl. hierzu Sauers Übersicht in H. Sauer, "Lehrbuch und Arbeitsmittel im Englischunterricht", in: *Praxis* 4/1963, S. 213 ff.
[3] Vom Vf. teilweise ergänzte und veränderte Übersicht von Medien für den "Sachlichen Unterrichtsgegenstand" nach einem unveröffentlichten Vorlesungsskript von P. Doyé.

Da der landeskundliche Bereich sich dem sprachlichen Vermögen der Schüler unterordnet, befaßt sich das landeskundliche Bemühen im Anfangsunterricht (d. h. für uns: in den ersten beiden Unterrichtsjahren)[2] mit dem Vordergründigen, Ablesbaren, Erkennbaren. Die Schüler benennen, beschreiben, stellen fest oder erfragen die durch die Medien repräsentierten landeskundlichen Inhalte mit einfachen sprachlichen Fügungen. Dabei stehen die Sachverhalte im Vordergrund, die die Kommunikationsfähigkeit erweitern. Wissen um des Wissens willen (nicht um der Sprecharbeit willen) ist sekundär.

Bei narrativen Texten sollte eine Dialogisierung immer dann versucht werden, wenn dadurch sprachliche Muster erarbeitet, geübt und angewendet werden können, die einer entsprechenden Situation der Zielkultur adäquat sind. Dabei werden landeskundliche Kenntnisse bewußt vermittelt, um den Lernenden in der entsprechenden Situation zu sachgerechter Kommunikation zu befähigen. Ein Beispiel für den Anfangsunterricht des Englischen soll das Gesagte veranschaulichen:
Einmal im Jahr beschäftigt sich nahezu jede Klasse mit dem Thema "Christmas". Der Einstieg in diesen Bereich wird im ersten Jahr aus der Erlebniswelt der Kinder selber erfolgen. "Christmas" erscheint dabei anfangs mit "Weihnachten" gleichgesetzt. Die Kinder benennen Dinge, die sie sich schenken und wünschen; sie beschreiben, was sie zu Weihnachten üblicherweise tun. Der landeskundliche Aspekt des Fremdsprachenunterrichts fordert, daß bei weiterer Beschäftigung mit diesem Thema das Interesse der Schüler auf die englische Weihnacht gelenkt wird. Ein Bild, ein Text, eine Handvoll "Christmas cards" oder eine Erzählung durch den Lehrer liefert die landeskundliche Information. Die Schüler werden Unterschiede und neue Verhaltensweisen feststellen. Sie werden Begriffe wie "mistletoe", "holly", "Santa Claus" usw. und die damit verbundenen Bräuche und Traditionen verstehen lernen. Sie werden als Kollokationen *Merry* Christmas" und *"Happy* New Year" lernen und den Austausch der Adjektive vermeiden. So wird auf dieser Stufe bereits erreicht, daß der Begriff "Christmas" nicht in allen seinen Inhalten mit "Weihnachten" gleichgesetzt werden kann, daß die Kommunikationsfähigkeit (z. B. das richtige Formulieren von Weihnachtsgrüßen) erhöht wird, und daß bei einer Gegenüberstellung der Sitten und Gebräuche die Schüler eine Ahnung davon erhalten, daß andere Völker sich zu einem scheinbar gleichen Sachverhalt anders als das eigene verhalten und das eigene Verständnis von diesen Dingen nicht den absoluten Maßstab abgibt. Manches muß allerdings in dieser Anfangsstufe unausgesprochen bleiben.
Ein möglicher methodischer Weg unter dem Landeskundeaspekt wäre demnach:

---

1 Vgl. 4.1.2.

1. Erfassen der eigenen realen Situation in narrativer oder dialogischer Form (geringe landeskundliche Relevanz);
2. Einsatz von Medien zur Erarbeitung einfacher, landeskundlich relevanter Inhalte (eine Schule, eine Familie, eine Umweltsituation des Ziellandes) und der dazu gehörigen sprachlichen Verhaltensformen unter dem Kommunikationsaspekt;
3. Anwendung des Gelernten (Spielszene, fiktive Situation usw.) mit der Zielsetzung, daß der Schüler sich so weit wie möglich in die fremde Situation und die Rolle, die er darin spielt, hineinprojiziert;
4. Gegenüberstellung der fremden mit der eigenen Umwelt, Erstellung eines Faktenkataloges zur Verschiedenheit des fremden Volkes, des Landes und seiner Einrichtungen.

Mit zunehmender Sprachbeherrschung wird eine Erweiterung und Vertiefung landeskundlicher Aussagen möglich. Erweiterung bedeutet auf dieser Stufe vornehmlich das additive Hinzufügen neuer Inhalte auf einer sprachlich einfachen Stufe. Vertiefung bedeutet Eindringen in einen Bereich, bei dem mit zunehmender Tiefe das landeskundlich Typische, die Differenziertheit deutlicher wird.[1]
So entfernen wir uns von der Globalaussage "Schule", "Klasse", "Schüler" und erarbeiten das semantisch Wesentliche und landeskundlich Festgelegte eines Begriffes. Voraussetzung bei diesem Modell ist immer, daß die erworbenen Kenntnisse und Fertigkeiten den Kommunikationsbedürfnissen des Schülers oder Schulabgängers in einer der in 4.1. skizzierten Rollen entsprechen.
Es ist zu vermeiden, daß – verursacht durch die o. a. möglichen Schritte – das landeskundliche Minimum im Sprachunterricht durch die methodische Hintertür zum perfektionistischen Maximum gerät. Die große Gefahr liegt darin, daß der Lehrer unbeabsichtigt und unbemerkt Sandkastensituationen durchspielt, nur um bestimmte landeskundliche Inhalte auch noch "an das Kind zu bringen".
Das Ziel der Sekundarstufe I ist eine ständige Erweiterung der Kommunikationsreichweite der Schüler durch Verfügbarmachung immer neuer altersgemäßer oder zukunftsnotwendiger Situationen. Landeskundliche Kenntnisse ermöglichen es dabei, in diesen Situationen sinnvoll zu kommunizieren, sind aber nicht Ziel in sich selbst und bestimmen deswegen die Unterrichtsmethode nur sekundär.

4.3.2.3. Methoden und Medien ab Klasse 7

Die zunehmende sprachliche Kompetenz der Schüler im weiterführenden Fremdsprachenunterricht bringt eine zunehmende Beschäftigung mit landeskundlichen Sachverhalten zur Erweiterung des Kommunikationsradius mit sich. Im Vergleich zur Grundstufe und zum Anfangsunterricht verringert sich die Möglichkeit,

---

[1] Vgl. 3.1.

Realsituationen zum Ausgangspunkt und Gegenstand der sprachlichen Arbeit zu machen. Fiktive und durch Medien repräsentierte Situationen treten an ihre Stelle. Der Begriff der Situation ist bei Piepho, Tiggemann, Müller und anderen eingehend diskutiert worden.[1]

Zur Erreichung von Kommunikationsfähigkeit ist ein an landeskundlich relevanten Situationen orientierter Unterricht notwendig. "Sprache wird ... als Verhalten verstanden, und sprachliche Äußerungen müssen auf einen Verhaltensraum bezogen werden, der in der Linguistik als 'context of situation' bezeichnet wird. Dieser Kontext wird mit Hilfe der Sinne erfaßt, vor allem des Gehör- und Gesichtssinnes. ... Fremdsprachenunterricht ... muß in den Versuch münden, den Verhaltensraum aufzubauen, in dem sinnvoller Sprachgebrauch möglich ist. Da echte Situationen nur sehr begrenzt verfügbar sind und das Herbeiführen fiktiver Situationen nicht durchgängig möglich ist, entfällt die Hauptlast auf repräsentierte Situationen, und zwar auf visuell repräsentierte."[2]

Methodisches Vorgehen zeigt sich dabei im Bereich der

– Erschließung von Texten, Bild- und Tonmaterial,

– Gegenüberstellung und Einordnung mit bereits bekannten Beständen,

– Anwendung der erworbenen Kenntnisse und Fertigkeiten.

Alle drei Gebiete stehen in gegenseitiger Abhängigkeit und Verflechtung. Die Erschließung des Inhaltes sprachlicher Fügungen erfolgt analog der Erschließung der Sachverhalte, die sie bezeichnen. Werden diese Sachverhalte z. B. durch ein Bild repräsentiert, so sind die notwendigen methodischen Schritte das Erkennen und Benennen der Elemente des Bildes, die Inbeziehungsetzung der Elemente zueinander und – falls möglich und gewünscht – die Wiedergabe des Atmosphärischen (besonders beim Foto).

Die Zeitschrift *Englisch* bietet beispielsweise Fotobeilagen an, die zur Veranschaulichung des Gesagten dienen können: Die in Heft 1/1970 veröffentlichten Fotos "Stages of an Air Journey" lassen sich beim Thema "Visiting Britain" oder "Means of Traffic" im Englischunterricht unter dem Kommunikationsaspekt sinnvoll einsetzen. Die Benennung der Gegenstände, Personen, Räumlichkeiten, Tätigkeiten usw. liefert das erforderliche Vokabular. Die Gestaltung möglicher Dialoge zu den verschiedenen Szenen der Bildbeilage bereitet die Kommunikationsfähigkeit im angegebenen Bereich vor. Der auf den Fotos dargestellte Flug-

---

[1] H.-E. Piepho, "Zum Begriff der Situation in der Didaktik des elementaren Englischunterrichts", in: *Praxis* 1/1967, S. 23 ff.; W. Tiggemann, *Unterweisungstechniken im mündlichen Englischunterricht*, Hannover 1968, S. 20 ff.; R. M. Müller, "Situation und Lehrbuchtexte: Die Kontextualisierbarkeitsprobe", in: *Praxis* 3/1970, S. 299 ff.; R. M. Müller, "Was ist Situational Teaching?", in: *Praxis* 3/1971, S. 229 ff.

[2] H. Gutschow, "Das visuelle Element in fremdsprachlichen Unterrichtswerken", in: *Praxis* 2/1968, S. 163.

hafen ist der von London; so erlernt der Schüler die sprachliche und situative Beherrschung einer möglichen zukünftigen Rolle als Reisender.

Das landeskundlich Typische nimmt bei diesem Thema nur einen geringen Raum ein. Anders dagegen ist es beim Beispiel "Cricket in Kent" aus der Reihe "Meeting People" in *Englisch*, 1/1969. Bei diesem Foto steht nicht lediglich das Cricketspiel im Mittelpunkt, sondern durch das Nichtselektive eines Fotos der gesamte Rahmen, in dem Cricket in diesem konkreten Falle sich abspielt (Art des Spiels, Kleidung und Ausrüstung der Spieler, die Picknickatmosphäre am Spielfeldrand, die Zuschauer usw.).

Die Beschäftigung mit einem solchen Thema unter Zuhilfenahme des genannten Anschauungsmaterials erbringt die inhaltliche Klärung der sprachlichen Mittel zu einem Sachverhalt, der in der eigenen Kultur nicht vorhanden ist. Sie deutet an, was unter Sport *auch* verstanden werden kann, und zeigt, wie die Menschen sich in dieser konkreten Situation verhalten.

Ob und in welchem Umfang ein solches Thema erarbeitet wird, richtet sich nach den bereits genannten Kriterien. Die verschiedenen methodischen Möglichkeiten für den Einsatz von abbildenden Medien führt Gutschow in dem bereits zitierten Aufsatz an.

Ähnlich wie bei der sprachlichen und sachlichen Erschließung eines Bildes erfolgt auch die Erschließung eines Textes. Kommunikationsfähigkeit fordert Kenntnis der Umgangssprache und Beschäftigung mit Texten aus dem fremdsprachigen Alltag. Bei Originaltexten ist die Erarbeitung der sprachlichen Fügungen oft besonders schwierig. Die methodischen Möglichkeiten für die Erschließung des Wortschatzes zählt Doyé auf.[1] Da manche umgangssprachlichen Fügungen nicht im Lehrbuch oder in den Schullexika zu finden sind, fordert der methodische Weg die Verwendung von umfangreicheren Nachschlagewerken und die Gewinnung des Wortinhaltes aus dem Kontext und der Situation. Lado, Leisinger und andere geben eine Darstellung der grundsätzlichen methodischen Möglichkeiten bei der Texterschließung überhaupt.[2]

Erschließung von Texten unter dem Kommunikationsaspekt bedeutet auch Vermittlung der Methoden selber, deren sich der Lernende später bedienen kann, wenn er genötigt ist, Texte zu erschließen. Besonders dann, wenn der Lehrer sich dazu entschließt, den Schüler mit der Sache (Zeitung, Lehrbuchtext, Bild etc.) unmittelbar und ohne Vorbereitung zu konfrontieren, läßt sich methodisches Vorgehen üben. Moderne Lehrwerke bedienen sich in zunehmendem Maße zusätzlicher Informationsquellen zu einer Lektion, die den sprachlichen und inhalt-

---

[1] P. Doyé, *Systematische Wortschatzvermittlung im Englischunterricht*, Hannover 1971, S. 34 und S. 40.

[2] R. Lado, *Moderner Sprachunterricht*, München 1973⁴; F. Leisinger, *Elemente des neusprachlichen Unterrichts*, Stuttgart 1966, S. 209 ff.

lichen Sachverhalt erhellen.[1] Sie ermöglichen somit das Üben von methodischem Vorgehen.

Tondokumente finden im Unterricht hauptsächlich als didaktisch aufbereitete Schulfunksendungen ihre Verwendung. Damit verlieren sie ihren originalen Charakter weitgehend. Die Einbettung in eine adäquate Situation erlaubt aber dem Lernenden im auditiven Bereich eine Informationsentnahme, die beim Hören originaler Sendungen gleicher oder ähnlicher Thematik das Erfassen des Inhaltes erleichtert. Der methodische Weg bei der Erschließung von Tonmaterial führt über das Hörverstehen (akustisch/inhaltlich) zur Wiedergabe und Fixierung der Information.

Das Abhören von *native speakers,* das durch die Aufnahme von fremdsprachlichen Rundfunksendungen ermöglicht wird, erfordert eine Auflösung der Gesamtsituation in Teilbereiche (Isolation von Schwierigkeiten). Fragen, die den methodischen Weg der Erschließung betreffen, sind zum Beispiel:

In welchem Rahmen und Zusammenhang steht die Sendung?

Welches ist ihr Thema?

Welches sind die Schwierigkeiten im lautlichen Bereich? (Artikulation, Intonation, Rhythmus)

Werden besondere, außergewöhnliche Sprachmittel benutzt?

Die Kenntnis des Rahmens, in dem eine Sendung steht, ist insofern von Bedeutung, als der Lernende später nur diejenigen Sendungen versteht (Nachrichten, Sportmeldungen, Berichte etc.), für die er das erforderliche Hintergrundwissen besitzt oder sich verfügbar machen kann. Die "Allgegenwart" von Transistorradios weist auf die Bedeutung dieses Bereiches hin.

Die Erschließung fremdsprachlicher Sachverhalte wird notwendigerweise zu einer *Gegenüberstellung,* einem *Vergleich* mit bereits Vorhandenem und Bekanntem führen. So ist der gelegentliche Vergleich sprachlicher Bestände eine methodische Möglichkeit, die Fragwürdigkeit einer Vokabelgleichung dem Lernenden deutlich zu machen. Auch unbewußt und unausgesprochen wird der Schüler jene Grenzen bemerken, die die jeweilige Sprache ihm auferlegt. Was ist zum Beispiel die muttersprachliche Entsprechung von "prefect", "metalwork", "rural science" oder "housemaster", um Begriffe aus dem Schulalltag zu nehmen? Bei der Erschließung des Wortschatzes sind diese möglicherweise in einer semantisch typischen Situation aufgetreten, ihr Inhalt ist durch die verschiedenen Möglichkeiten der Wortschatzvermittlung geklärt worden, so daß eine Verankerung in der fremdsprachlichen Umwelt erreicht wurde. Doch schon die Aufgabe, mit einem englischen Schüler einen Briefwechsel über das Schulleben zu führen, zwingt zu einem Vergleich der landeskundlichen Gegebenheiten und der auf ihnen beruhenden sprachlichen

---

[1] Z. B. die Abschnitte "Register" und "Do you know that..." im Lehrwerk *A New Guide,* Bd. 6; Frankfurt/M. 1969.

Mittel. Eine "Mittelschule" ist keine "middle school" und "games" nicht dasselbe wie "Sport" Der Vergleich der sprachlichen Inhalte zur Klärung der Bedeutung von Begriffen wird auf der Sekundarstufe I nur gelegentlich als methodischer Weg verwendet werden können.

Die Darstellung der Situation, in der Sprache sich ereignet, die konkret andere Umwelt der Zielkultur fordert weiterhin zu einem Vergleich mit der eigenen heraus. Das zeigt sich besonders deutlich am Beispiel "Schule".

So wird beispielsweise der deutsche Schüler seine Vorstellungen von Schule (Bedeutung von Zeugnissen, Versetzung, Schüleraktivitäten etc.) auf die englische Situation übertragen und damit Mißverständnissen unterliegen, solange er die Gegebenheiten in der Zielkultur nicht kennt. Der methodische Weg bei der Erschließung landeskundlich determinierter Sprache schließt deshalb die Vermittlung und den Vergleich von Fakten und Verhaltensweisen, die einer bestimmten Situation zugrundeliegen, ein.

Der Vergleich als methodische Möglichkeit führt den Unterricht in den affektiven Bereich des Menschen, den der Haltungen, Werte, Motivationen. Die Feststellung: der andere, das andere sind "anders" fordert zu einer Stellungnahme heraus. Fremdsprachenunterricht mit dem Ziel der Verständigung (sprachlich und zwischenmenschlich) mißt und orientiert methodisches Vorgehen an drei Kriterien:
– Sachbezogenheit,
– Vielseitigkeit,
– Vergleichbarkeit.

Der Aspekt der Sachbezogenheit fordert, eine Sache für sich selbst sprechen zu lassen, sie zu beschreiben und ihre Erscheinungsweise zu konstatieren. Nicht belegbare Interpretationen und Auslegungen von Sachverhalten verbieten sich.

Neben die Sachbezogenheit tritt die Forderung nach Vielseitigkeit. Eine sachbezogen erarbeitete Aussage über einen landeskundlichen Tatbestand kann zu einer falschen Aussage führen, wenn neben sie nicht andere Aussagen über Nachbarsachverhalte treten, die deutlich machen, daß es einen Typus (ein Stereotyp) kaum gibt. Die Behandlung eines Tatbestandes, einer Verhaltensweise oder eines Zustandes erfordert die Frage nach anderen des gleichen Bereiches.

Somit führt die Behandlung eines Themas notwendigerweise zu einem Inbeziehungsetzen der Verschiedenheit der Aussagen, zu einem Vergleich. Dieser Vergleich bietet sich an zwischen den verschiedenen Erscheinungsweisen der fremden Umwelt, besonders aber zwischen der eigenen, muttersprachlichen und der fremdsprachlichen. Die genannten Arbeitsweisen: sachbezogene Aussage, Verschiedenheit der Aussagen zum Thema, Vergleich untereinander und mit der eigenen Umwelt, sind somit notwendige Schritte für ein methodisches Vorgehen, um eine unvoreingenommene, aufgeschlossene Haltung zu erreichen.

Mit dem Erwerb der sprachlichen Kenntnisse und Fertigkeiten geht ihre An-

wendung in vielfältiger Weise einher. Die Dialoge, die sich auf landeskundlich
relevante Situationen beziehen, werden in einer fiktiven Klassenraumsituation
durchgespielt. Sie bereiten im Spiel, in der Leseszene, im Gespräch oder einer
anderen Unterrichtsform direkt auf konkrete Alltagssituationen vor. Hier gehören auch die schriftlichen Arbeitsformen (Brief, Anzeige, Bewerbung etc.) hin, die
dem Schüler die Beherrschung einer der möglichen zukünftigen Rollen er-
leichtern.

Neben Dialogen ist die Erarbeitung von narrativen und darstellenden Texten
ein weiterer Schwerpunkt der sprachlichen Arbeit unter landeskundlichem
Aspekt. Sachtexte, Inschriften, Anweisungen und andere Druckerzeugnisse werden sprachlich und inhaltlich erarbeitet. Lesen und Erfragen, Beschreiben und
Zusammenfassen, Einordnen und Interpretieren sind die möglichen Arbeitsweisen.

Lehrbuchlektionen sollten in einen Zusammenhang gebracht werden, der eine
sinnvolle Anwendung später möglich macht. Unter dem Thema "Planning a
Visit to England" erhalten Einzellektionen einen Stellenwert in einem Vor-
haben, das einer möglichen zukünftigen Situation entspricht.

Der Einsatz von abbildenden Medien gibt dem Schüler eine Vorstellung von
Menschen und Umwelt der Zielkultur. Die Beschreibung und das fragende Erarbeiten der Gegebenheiten sind als vorwiegendste Arbeitsformen anzusehen.
Die Umsetzung des Bildlichen in narrative oder dialogische Sprache ist dabei
die Hauptaufgabe.

Die beim Einsatz auditiver Medien erworbenen Fertigkeiten des Hörens und
Verstehens dienen im Unterricht dazu, weiteres Tonmaterial informatorisch
auszuwerten. Das kann die Fixierung der Information in Form eines Protokolls,
die Beantwortung von Zielfragen oder eine entsprechende Handlungsreaktion
sein. Schulfunk und ausländische Radioprogramme lassen sich hier gut einsetzen.
Das Durchspielen eines Telefongespräches erleichtert die mögliche zukünftige
Rolle im Ausland, zu der neben der Terminologie und Phraseologie noch die
akustischen und technischen Schwierigkeiten hinzutreten. Dieses letzte Beispiel
zeigt die gegenseitige Bedingtheit und den Zusammenhang von Situation, Sprache
und Verhaltensweise besonders deutlich.

4.3.3. Sekundarstufe II

Die Sekundarstufe II, auch Kollegstufe genannt, grenzt sich inhaltlich gegenüber
den anderen Stufen dadurch ab, daß sie sich mit speziellen und zum Teil berufs-
gebundenen Bereichen der fremdsprachlichen Kultur befaßt, die über die Alltagssituationen hinausgehen. "Der Englischunterricht der Oberstufe muß als
klare Einheit verstanden werden. Sprachunterricht ist Bildungsarbeit, sein Gehalt wird wesentlich durch die Landeskunde bestimmt, seine Form durch die

gegebenen bzw. erworbenen sprachlichen Ausdrucksmöglichkeiten."[1] Dieses für die Oberstufe der Realschule ausgesprochene Verständnis des Fremdsprachenunterrichts gilt ebenso für die Sekundarstufe II. Auch auf dieser Stufe hat Landeskunde dienende Funktion innerhalb des Sprachunterrichts. Der Umfang der Erarbeitung landeskundlicher Inhalte ist abhängig von der sprachlichen Zielsetzung, die Beschäftigung mit bestimmten Inhalten erweitert andererseits die Kommunikationsfähigkeit in dem betreffenden Bereich. Da, wo der Begriff Kommunikationsfähigkeit ein Verstehen im Sinne der Völkerverständigung miteinschließt, bedient sich die Landeskunde auch der Mithilfe anderer Fächer. "Zunächst einmal wirkt sie als Bindeglied zu anderen Fächern. Wesentlicher aber ist ihre Funktion, sachlich zu informieren und für vieles Verständnis zu wecken, was Kommunikation zu echten zwischenmenschlichen Beziehungen werden läßt. Oder, um es mit dem Wahlspruch der UNESCO-Modellschulen auszudrücken: Erziehung zur internationalen Verständigung durch Verständnis; Verständnis durch Wissen."[2]

4.3.3.1. Methoden und Medien in der Sekundarstufe II

Die in Kapitel 4.3.2.3. gemachten Ausführungen für die Sekundarstufe I gelten in vollem Umfange auch für die Sekundarstufe II. Der Einsatz originaler Medien ist auf dieser Stufe allerdings verstärkt möglich. Das erfordert eine Arbeitsweise, die sich der Methoden der Quellenarbeit bedient. Der Einsatz ausländischer Zeitungen gibt Gelegenheit, sich auf vielen Gebieten mit den Problemen der Gegenwart des betreffenden Landes zu beschäftigen. Das Verständnis politischer, wirtschaftlicher und sozialer Fragen, die sich in einzelnen Artikeln niederschlagen, wird nur durch die Kenntnis der Bedingungen, die hinter diesen Problemen stehen, ermöglicht.

So beginnt die Erarbeitung mit der Erschließung des sprachlichen Materials. Ein Sprachvergleich im semantischen Bereich, das Prüfen des Kontextes und der Situation sind mögliche Wege. Das Heranziehen weiterer Texte zum gleichen Thema und die Gegenüberstellung der Aussagen führen zur Präzisierung des Sachverhaltes.

Ergebnisse und Erkenntnisse, die sich aus der Gegenüberstellung von Aussagen ergeben, sollten aber niemals als absolut dargestellt werden, sie müssen das Klischee vermeiden.

Herausgefundene Sachverhalte können dazu benutzt werden, eine eigene Stellungnahme zu erarbeiten. Da jede Stellungnahme, jede Wertung, zunächst indi-

---

[1] W. Schommartz, "Landeskunde im Englischunterricht der Real-Oberstufe", in: *Englisch* 2/1970, S. 49.
[2] W. Schommartz, *a.a.O.*, S. 46.

viduell ist, führt das Herausstellen unterschiedlicher Meinungen zu einer Diskussion oder Debatte als weiteren Unterrichtsformen.

Die Auswahl aktueller Fragen ermöglicht dabei einen Einblick in gegenwärtige Probleme und kann zum Verstehen der Situation im Land der Zielsprache beitragen. Das selbständige Auswerten von Quellen, extensives Lesen, Zusammenstellen von Aussagen zu einem Thema sind weitere Arbeitsformen der Sekundarstufe II, die auch später für den relevant bleiben, der sich in den bereits mehrfach erwähnten Rollen mit der Sprache und dem entsprechenden Land beschäftigen muß. Die Erörterung der Auswahlkriterien für landeskundliche Inhalte im Fremdsprachenunterricht und die Darlegung möglicher Wege zu ihrer Behandlung führt zur Frage der Leistungskontrolle, die sich mit der Zunahme landeskundlicher Inhalte im Fremdsprachenunterricht, also etwa ab Klasse 7 in der Sekundarstufe I stellt. Dabei zeigt sich wiederum die enge Verflechtung von Sprache und landeskundlichem Wissen.

Besonders auf dem Gebiet der Fertigkeiten, die der Sprachunterricht vermittelt, ist der Einsatz der Test- und Prüfverfahren, die Lado in *Language Testing* [1] für den Sprachunterricht allgemein einsetzt, auch für den landeskundlichen Bereich verwendbar.

Prüfbereiche unter diesem Aspekt sind:

	mündlich	schriftlich
Fertigkeiten:	*Hören/Verstehen*	*Lesen/Verstehen*
rezeptiv	die Entnahme von Information von allen auditiven Medien: (Schallplatte, Tonband, Radio, Telefon etc.) das Verstehen von native speakers	Entnahme von Information aus Texten und allen anderen schriftlich fixierten Quellen
produktiv	*Sprechen* hauptsächlich in dialogischer Form, daneben aber auch in monologischer Form Berichten, Darstellen, Erzählen etc.)	*Schreiben* insbesondere von landeskundlich relevanten Textgattungen (Briefe, Anfragen, Bestellungen, Mitteilungen etc.)

---

[1] R. Lado, *Language Testing*, London 1961 (Dt. Übers. von R. Freudenstein, *Testen im Sprachunterricht*, München 1971).

Unter methodischem Aspekt ist auch die Fertigkeit zu nennen, *eine Methode* für die Erschließung von Information aus verschiedenen Quellen anwenden zu können.

Dem Bereich der Fertigkeiten ist der der Kenntnisse zuzuordnen. Kenntnisse und Fertigkeiten lassen sich nicht immer voneinander trennen. Beide stehen in einer engen Beziehung und Verflechtung zueinander. Eine Trennung ist nur unter dem Gesichtspunkt zuweilen notwendig und sinnvoll, daß insbesondere bei Prüfungen die Aufgabenstellung nur *einen* Aspekt in einer Aufgabe zuläßt. Die Überprüfung von Kenntnissen schließt insbesondere drei Bereiche ein:

1. *Fakten* über den landeskundlichen Hintergrund der durch den Sprachunterricht angesprochenen Situationen.

2. *Verhaltensweisen* bei der Anwendung von Sprache in bestimmten konkreten Situationen (beim Reisen, Telefonieren, Geldverkehr, in bestimmten gesellschaftlichen Situationen etc.).

3. *Methoden und Medien* für die Beschaffung von Informationen (Quellen aller Art etc.).

Möglichkeiten für Prüfungsaufgaben sind im *schriftlichen Bereich* z. B.:
- Fragen zum Inhalt,
- Testverfahren in *multiple choice*-Form,
- Context Questions,
- Aufgaben zur Erschließung und zur Anwendung von Informationen,
- Lesen von Karten,
- Auswerten von Grafiken,
- Auswerten von Aufstellungen,
- Stichwortprotokoll (besonders bei auditiven Medien),
- Essay zur Darlegung eines Problems vor dem Hintergrund eines Informationsbereiches,

im *mündlichen* Bereich z. B.:
- Erteilen und Erfragen von Auskünften im Dialog,
- Bericht über Informationen aus den verschiedenen Medien (Texte, Tonträger, abbildende Medien),
- Beantwortung von Lehrerfragen[1],
- Fragen nach Fakten ("was"?),
- Fragen nach Begründung, Erklärung und Ausdeutung ("warum"?).

Es liegt auf der Hand, daß die Aufgaben nur eine Möglichkeit andeuten, und daß manche Arbeitsformen sowohl im mündlichen wie im schriftlichen Bereich verwendet werden können.

---

[1] Vergl. dazu: F. Leisinger, *Elemente des neusprachlichen Unterrichts*, Stuttgart 1966, S. 315.

Eine Einschränkung der Nachprüfbarkeit landeskundlicher Arbeit muß auf dem Gebiet der "Haltungen" gemacht werden. Meßbar und nachprüfbar sind nur die Bereiche, bei denen der Schüler sprachlich oder durch sein Verhalten *erkennbar* reagiert. Eine Haltung läßt sich nur sehr schwer prüfen; denn die Motive, die einer Reaktion zugrundeliegen, sind so vielfältiger Natur, daß eine definitive Zuordnung von indikatorischem Verhalten und realer Haltung äußerst problematisch ist. Außerdem ist Haltung als *Leistung* nicht prüfbar. Somit bleibt die Leistungskontrolle auf die zuvor genannten Bereiche beschränkt.

5. Landeskunde in der Erwachsenenbildung

Der Begriff "Erwachsenenbildung" deckt einen weiten Bereich, der sich nach H. Siebert folgendermaßen präsentiert: "Erwachsenenbildung meint einmal die institutionelle Gesamtheit der Einrichtungen, die Kenntnisse und Einsichten vermitteln, bezeichnet ferner den intentionalen Bildungsprozeß, aber auch im Sinne von Selbstbildung das Bemühen des Einzelnen um seine ständige Vervollkommnung." [1] Dies ist weniger eine Definition als eine Bestandsaufnahme des Sprachgebrauchs. Erwachsenenbildung als Wort und Begriff deckt demnach die Institutionen, die Ziele und das individuelle Streben in diesem Bereich.

Es ergeben sich im Vergleich mit der Schulbildung eine Reihe von Unterschieden, z. B. auf seiten der Teilnehmer: höheres Alter; Heterogenität der Gruppen im Hinblick auf Vorkenntnisse, Bildungsmotive usw.; berufliche Erfahrung und gesellschaftliche Verantwortlichkeit; prinzipiell fehlendes Reifegefälle zwischen Lehrendem und Lernendem; freiwillige, aber interessenbedingte Teilnahme. Unterschiede im Hinblick auf das Veranstaltungsangebot der Institutionen sind etwa: kurzfristige Gelegenheitsveranstaltungen; Unabhängigkeit von staatlichen Lehrplanrichtlinien; wenig direkte Leistungskontrollen; Aktualität und Flexibilität des Programms; Berücksichtigung subjektiver Bildungsinteressen. [2]

Die Institutionen der Erwachsenenbildung in der Bundesrepublik lassen sich in drei Gruppen fassen:

1. Örtliche Einrichtungen (wie Volkshochschulen, Akademien u. ä., auch Büchereien);

2. Massenmedien (in der Form des Funk- oder Telekollegs, aber auch in Einzelvorträgen, Features etc. zu aktuellen Themen);

3. Fernlehrinstitute.

Dazu kommen noch firmengebundene Weiterbildungseinrichtungen, die weitgehend unter 1. gefaßt werden können.

Aus dieser skizzenhaften Übersicht ergeben sich eine Reihe von Gesichtspunkten mit didaktischen und methodischen Folgen, schon bevor auf Fremdsprachenunterricht überhaupt eingegangen wird:

– die Vielfalt der Bildungswünsche und Bildungsziele je nach Blickrichtung, Teilnehmer und Institution,

---

[1] H. Siebert in: *Pädagogisches Lexikon*, Bd. 1, Gütersloh 1970, S. 758.
[2] Vgl. H. Siebert, *a.a.O.*, S. 758.

– die Berücksichtigung der Teilnehmerinteressen im Angebot neben der politischen, gesellschaftlichen und berufsbezogenen Zielsetzung der ausbildenden Institution,
– die sozialpsychologischen Faktoren in der heterogenen Teilnehmergruppe. Etwa ein Viertel bis ein Drittel derer, die an der Erwachsenenbildung in irgendeiner Form teilnehmen, besuchen einen Fremdsprachenkurs [1], davon die große Mehrheit Elementar- oder Grundkurse, während das Teilnahme-Interesse mit wachsender Lernprogression aus unterschiedlichen Gründen abnimmt. Damit kommt dem Fremdsprachenunterricht in der Erwachsenenbildung eine hervorragende Bedeutung zu. Der Bereich der Erwachsenenbildung hat daher in einer alle wesentlichen Ausbildungsstufen umfassenden Didaktik des Sprachunterrichts seinen eigenen vollen Platz.

5.1. Die Zielfindung für den landeskundlichen Aspekt des Fremdsprachenunterrichts in der Erwachsenenbildung

5.1.1. Grundlagen einer Zielfeststellung

Die Zielfindung für jeglichen Unterricht in der Erwachsenenbildung ist von vielfältigen Faktoren abhängig, von vielen mehr als in der Schule zu berücksichtigen waren. Speziell der Sprachunterricht und dessen landeskundlicher Aspekt bilden keine Ausnahme. Übereinstimmung mit den Grundlagen der Zielfindung für die Schule gibt es in folgenden Punkten:

1. Die grundsätzlichen Ziele jeden Sprachunterrichts bleiben gültig, nämlich die Vermittlung von Fertigkeiten, Kenntnissen und Haltungen.

2. Die Globalziele für die Sekundarstufen I und II gelten auch in der Erwachsenenbildung, nämlich a) Kommunikationsfähigkeit in Alltagssituationen und b) Kommunikationsfähigkeit in allgemeinbildenden und speziellen Situationen.

3. Die Landeskunde tritt auch in der Erwachsenenbildung in den Erscheinungsweisen a) der impliziten Landeskunde in der Semantik, b) der über das Sprachimmanente hinausgehenden Kenntnisvermittlung und c) als Hilfsdisziplin bei der Texterschließung und -interpretation auf.

Diese drei Grundlagen sind fachbereichsimmanent; sie werden allerdings näher bestimmt und mit Inhalt gefüllt durch die Hinzunahme weiterer, d. h. sozialer, kultureller, politischer und individuumgebundener Aspekte. Die Lernzielsetzung

---

[1] An der Volkshochschule Braunschweig entfielen im Semester 1969/70 sogar 40 % aller Kursbelegungen auf die Sprachen (vgl. L. Rössner, *Erwachsenenbildung in Braunschweig*, Braunschweig 1971, S. 124).

in der Erwachsenenbildung muß – und das geht aus dem einleitenden Abschnitt 5. hervor – also erfolgen

1. von den Bedürfnissen des Einzelnen her, z. B. a) individuelles Bildungsstreben, b) individuelles soziales Streben und c) individuelles berufliches Streben;[1]
2. von den Erfordernissen der Gesellschaft her, d. h. ausgehend von a) dem zugrundeliegenden Bild vom Menschen als in der Gesellschaft funktionierend, b) den wirtschaftlichen Erfordernissen im Hinblick auf die Ausbildung des Einzelnen, c) der eventuell gesellschaftlich notwendigen Korrektur der Schulbildung, d) den außenpolitischen Erfordernissen bezüglich des Verhältnisses zu anderen Nationen;
3. von der soziokulturellen Zusammensetzung der Teilnehmerschaft her.

Dazu kommen, vor allem im Volkshochschulbereich, die Anforderungen der Abschlußprüfungen wie VHS-Zertifikate, Dolmetscherprüfung, Prüfung "Praktisches Englisch" u. ä., Lower Cambridge Certificate, Cambridge Proficiency Certificate usw. Diese Anforderungen sind natürlich stark fachbereichsimmanent, wirken jedoch als äußere Setzung in den Sprachunterricht hinein.

Nicht berücksichtigt werden an dieser Stelle die Ziele bestimmter Fernlehrinstitute, die etwa den Abschluß der Mittleren Reife und des Abiturs anstreben, da diese Problematik bereits im Schulteil abgehandelt wurde.

5.1.2. Mögliche Ziele

Die Ziele des Sprachunterrichts unter landeskundlichem Aspekt sind unterschiedlich, je nachdem ob es sich um Anfängerunterricht, Fortgeschrittenenunterricht oder Spezialkurse handelt. Aus diesem Grunde müssen die möglichen Ziele in der Erwachsenenbildung in entsprechenden Abschnitten behandelt werden.

5.1.2.1. Der Anfängerunterricht

Abgesehen vom Altersunterschied und der damit verbundenen unterschiedlichen Erfahrungs- und Interessenlage der Erwachsenen gilt hier Ähnliches wie beim Anfangsunterricht in der Schule. Das Landeskundliche hat einen sprachimmanenten Platz, dient zur semantischen Klärung des Sprachmaterials und hat überwiegend die Gleichheit von Normen im eigenen und fremden Land zum Aus-

---

[1] Vgl. W. S. Fowler, "Literature for Adult Students of English as a Foreign Language", in: ELT XXVI, 1+2, 1971, 1/85: "They are learning English because they need it for their work — as lawyers, businessmen, biochemists, secretaries, teachers — or (and that is an important alternative . . .) from a wish to acquire knowledge of a foreign people and culture, to broaden their personal experience and perspective." Das gilt für Deutschland wie für andere Länder.

gangspunkt. Auch hier empfiehlt es sich, das neue Vokabel- und Strukturmaterial zunächst an Universalia einzuüben, um mit speziell landeskundlichem Stoff die Teilnehmer nicht zusätzlich zu belasten.

In leichter Abwandlung der Zielformulierungen für die Grundstufe und den Anfangsunterricht auf der Sekundarstufe I gilt als Ziel:

– bei der Bedeutungsvermittlung landeskundlich exakt vorzugehen,

– landeskundliches Wissen in Alltagssituationen aus dem Interessenbereich der jeweiligen Teilnehmergruppe zu vermitteln, wobei eine weitgehende Beschränkung auf nichtunterschiedliche Tatbestände in beiden Ländern wünschenswert ist,

– dabei durch Herausstellung der gemeinsamen Normen die wahrscheinlich grundsätzlich vorhandene Haltung der Verständnis- und Kontaktbereitschaft zu verstärken.

5.1.2.2. Der Fortgeschrittenenunterricht

Schritthaltend mit der Progression des Fremdsprachenunterrichts wird mehr und mehr auch auf unterschiedliche Tatbestände im eigenen und im fremden Land Rücksicht genommen. Dabei empfiehlt es sich, zunächst wertfreie, sachliche Unterschiede (wie z. B. für England die Öffnungsstunden der "pubs" oder für Frankreich den Ablauf eines "dîner") und positiv empfundene Unterschiede (wie "queuing" oder "politesse") in den Vordergrund zu stellen.

Daneben steht die faktische Information über das Land, je nach Teilnehmerinteressen unter touristischem, geographischem, wirtschaftlichem oder politischem Aspekt. Im Gegensatz zur Schule muß es sich nicht ausschließlich um Wissen handeln, das die Zahl der Kommunikationssituationen erweitert.

Wissen über das fremde Land steht in der Erwachsenenbildung sozusagen als Hintergrund bereit, vor dem Kommunikation und der Erwerb der Kommunikationsfähigkeit erst sinnvoll werden; denn

1. eine Sprache steht immer im Zusammenhang mit den Menschen, die sie als Muttersprache sprechen, die sie im Laufe der Zeit verändern und deren Lebensformen die Bedeutung ihrer Äußerungen bestimmen;

2. die denkbare alleinige Zugrundelegung von universalen, allen Sprachgemeinschaften gemeinsamen Inhalten – vorausgesetzt, man könnte sie bestimmen – würde immer nur einen Teilzugang zur Fremdsprache eröffnen, der es z. B. schon nicht erlaubte, daß der Schüler eine Zeitlang aus dem fremden Lande sinnvoll lesen könnte, selbst wenn ihm Strukturen und Vokabular bekannt wären;

3. im Bereich der Erwachsenenbildung kommt dazu noch das individuelle Bestreben der Erwachsenen, mit der Sprache sozusagen das fremde Land erschlossen zu bekommen und zunächst die Alltagssituationen im Lande und

weiterhin auch spezielle Situationen allgemeinbildenden, kulturellen, politischen oder wirtschaftlichen Charakters in der fremden Sprache meistern können;

4. der Erwachsene verspricht sich von der Spracherlernung ein besseres Verständnis für die Angehörigen der fremden Sprachgemeinschaft, damit er seine Haltung ihnen gegenüber auf gesichertes Wissen und gerechtfertigte Urteile statt auf Halbwissen und Vorurteile gründen kann.

Ziel der Vermittlung landeskundlicher Inhalte im Sprachunterricht der Erwachsenenbildung ist es demnach

– den Lernenden zur Kommunikation in Alltagssituationen zu befähigen, die für das fremde Land und seine Rolle als Ausländer in ihm relevant sind;

– ihn zu befähigen, fremdsprachliche Äußerungen landeskundlich-semantisch richtig aufzufassen und selber solche Äußerungen zu machen;

– ihm die fremde Sprache anhand von für seine Rolle [1] relevanten landeskundlichen Inhalten zu vermitteln und ihm durch die vermittelten Kenntnisse eine objektive Information über das fremde Land zu ermöglichen und

– ihn zu einer auf gesicherten Kenntnissen und ihrer vorurteilslosen Anwendung beruhenden Haltung der Verständnis- und Kontaktbereitschaft zu führen.

In dieser Zielformulierung sind enthalten:

– die sprachimmanenten Notwendigkeiten,

– der politische Auftrag,

– das individuelle Bildungsstreben,

– die rollengebundenen Notwendigkeiten und

– der allgemein ethische Lebensauftrag des Menschen (Toleranz, Aufgeschlossenheit, Vorurteilsfreiheit).

5.1.2.3. Spezielle Ziele in speziellen Kursen

Gerade in der Erwachsenenbildung gibt es neben den allgemeinbildenden, für viele Zwecke nützlichen Sprachkursen eine Fülle von Spezialkursen, von denen hier zur Erläuterung einige aus dem Volkshochschulbereich unter dem Namen ihrer Abschlußprüfung aufgeführt seien:

Practical English,

VHS-Zertifikat für Englisch 1, ~ Englisch 2 (Wirtschaft), ~ Französisch, ~ Spanisch, ~ Russisch, ~ Deutsch als Fremdsprache,

Dolmetscherprüfung,

Korrespondentenprüfung,

---

[1] Solche Rollen können z. B. sein: a) Sommerfrischentourist, b) bildungshungriger Tourist, c) Besucher von Tagungen, d) Besucher von Freunden, d) Geschäftsreisender zu Verhandlungszwecken etc.

Lower Cambridge Certificate of English,
Cambridge Certificate of Proficiency in English etc.
Diese Liste läßt sich fortsetzen, besonders wenn man andere Lehrgänge in weiteren Fremdsprachen neben dem Englischen berücksichtigt.
Diese Kurse haben gemeinsam, daß das Ziel ihres Unterrichts eindeutig von den Prüfungsanforderungen bestimmt wird. Für den landeskundlichen Aspekt des Fremdsprachenunterrichts in der Erwachsenenbildung ist relevant, daß diese Kurse auch in ihren Prüfungsanforderungen in größerem oder geringerem Maße landeskundliche Kenntnisse voraussetzen, obwohl sie oft nicht ausdrücklich gefordert werden, ja mitunter in Präambeln ausdrücklich auf sie verzichtet wird.[1]
Es sei hier nicht wiederholt, daß die semantisch saubere Arbeit in einer Fremdsprache von vornherein landeskundliche Kenntnisse erfordert und diese deswegen schon vom Linguistischen her in den Unterricht einfließen müssen. Hingewiesen sei jedoch darauf, daß fast alle genannten und die große Mehrzahl der noch nennbaren Abschlußprüfungen von Sprachkursen in der Erwachsenenbildung einen mündlichen Prüfungsteil haben, in dem der Prüfling zu Alltagstatbeständen in simulierten Alltagssituationen und mitunter in recht speziellen Situationen seine mündliche, d. h. audio-orale Kommunikationsfähigkeit nachzuweisen hat.
Wie schon in den Zielbestimmungen für die Schule dargelegt, beinhalten Alltagstatbestände und Alltagssituationen notwendigerweise landeskundliche Kenntnisse, wenn auch in anderer Form und unterschiedlicher Dosierung, als das unter dem bisherigen Sprachgebrauch verstanden wurde.
Nehmen wir die VHS-Zertifikate, die in der Bundesrepublik bisher für die Sprachen Englisch, Französisch, Spanisch, Russisch und Deutsch als Fremdsprache angeboten werden: Sie sind inhaltlich auf die universalianächsten Alltagssituationen des Auslandsreisenden angelegt, und sowohl für das französische wie für das englische VHS-Zertifikat wird in den Bemerkungen zu den Prüfungsaufgaben erklärt, daß Aufgaben zur Landeskunde (wie übrigens auch zur Literatur) nicht gestellt werden.[2] Dennoch enthält z. B. die Broschüre für das VHS-Zertifikat Französisch in den Empfehlungen für die Neugestaltung von Lehrwerken einen Katalog von inhaltlichen Lernfeldern (centres d'intérêt)[3], von denen die Mehrheit über die Universalia hinausgehende landeskundliche Kenntnisse enthalten, etwa die Komplexe "Bahn", "Metro", "Kino", "Einkauf", "Brief", "Begegnung" – um nur einige zu nennen.

---

[1] "Aus den... angeführten Gründen fehlen auch Aufgaben zu Landeskunde oder Literatur." R. Nowacek, *Das VHS-Zertifikat für Englisch*, Frankf. 1971², S. 8.

[2] R. Nowacek, *Das VHS-Zertifikat für Englisch*, Frankfurt 1971², S. 8, und A. Raasch, *Das VHS-Zertifikat für Französisch*, Frankf. 1970, S. 6.

[3] A. Raasch, *a.a.O.*, S. 44.

Doch auch wenn man die Prüfungsaufgaben der schriftlichen, "nicht-landes-kundlichen" Prüfung analysiert, kommt man zu interessanten Ergebnissen. Eine Aufgabe könnte lauten:

"Si on veut acheter des petits pains, on va à ..."
a) la pharmacie.
b) la boucherie.
c) la boulangerie.
d) la blanchisserie.

Barrera-Vidal schreibt dazu: "Le test présuppose non seulement la relation sémantique: 'acheter – petits pains – boulangerie', mais encore la connaissance d'un type de civilisation donnée qui fait partie du contexte situationnel." [1] Man ersetze nur "petits pains" durch "timbres-poste" und "boulangerie" durch "bureau de tabac", und man hat einen spezifisch frankreichkundlichen Inhalt.

Diese Art der Analyse könnte man für alle angebotenen Lehrgänge mit bestimmtem Abschluß ohne ausdrückliche landeskundliche Ausrichtung fortsetzen, und man würde ähnliche Ergebnisse erhalten:

– Es wird in solchen Kursen allgemein auf eine spezielle Vermittlung landes-kundlicher Inhalte von vornherein verzichtet, nicht jedoch auf landeskund-liche Inhalte situationsgebundener Art, die für die Kommunikationsfähigkeit in diesen Situationen erforderlich sind.

– Die Vermittlung der Sprache und ihrer Inhalte ist in solchen Kursen zwar auch eindeutig auf das fremde Land ausgerichtet, verzichtet aber – zugunsten der Konzentration auf die sprachliche Kommunikation – auf das sekundäre Bildungsziel der Kenntnisvermittlung über das fremde Land, wenn das nicht für das primäre Ziel der Kommunikationsfähigkeit erforderlich ist.

Ziel des Sprachunterrichts in speziellen Kursen mit Abschlußprüfung in der Erwachsenenbildung unter landeskundlichem Aspekt ist es demnach, dem Teil-nehmer die zur kommunikativen Bewältigung der vom Kurs geforderten Situa-tionen notwendigen Kenntnisse zu vermitteln.

Anders ist es selbstverständlich bei Kursen, deren Abschlußprüfungen landes-kundliche Kenntnisse explizit erfordern. Das Cambridge Proficiency Certifi-cate enthält z. B. einen Teil, in dem der Bewerber unter mehreren Wissensge-bieten wählen kann, deren eines "British Life and Institutions" heißt.

In derartigen Prüfungen wird also landeskundliches Wissen nach der herkömm-lichen Sichtweise in der Fremdsprache geprüft, und zwar nicht nur situations-immanent. Die Ziele des fremdsprachlichen Unterrichts unter landeskundlichem Aspekt in solchen Kursen sind speziell vorgegeben und könnten operationali-

---

[1] A. Barrera-Vidal, "Les modèles linguistiques et l'enseignement des langues vivantes", in: Zielsprache Französisch, 1/1972, S. 11.

siert als Themenkatalog in der Art "Vermittlung von Kenntnissen über die Gebiete . . . und die vorurteilsfreie Anwendung dieser Kenntnisse bei der Analyse der Problembereiche . . ." angegeben werden.

5.2. Die möglichen Themen

Themenkataloge, auch wenn die kommunikative und globalzielbedingte Relevanz ihrer einzelnen Titel gesichert ist, können nur Auswahlcharakter haben. Im Aufbau, d. h. in der Abfolge der einzelnen Titel, ist vor allem beim Anfangsunterricht, aber auch im Anfangsstadium fortgeschrittener Kurse zu beachten, daß quasi-Universalia und für In- und Ausland gleichnormierte Inhalte (auch zeitlich) den Vorrang vor unterschiedlichen oder gar kontrastierenden Inhalten haben.

5.2.1. Die landeskundlichen Themen für den fremdsprachlichen Anfangsunterricht in der Erwachsenenbildung

Lernbereiche, mit denen man dem oben formulierten Ziel gerecht wird, sind etwa:

- häusliche Tätigkeiten und Einkaufen,
- Bank und Post,
- Freizeitgestaltung,
- die Berufsstruktur des Landes,
- das Nah- und Fernverkehrswesen,
- die schriftlichen und mündlichen Kommunikationskonventionen (Briefe, Telegramme, Telefon),
- Hotels und Restaurants,
- Wegweiser und Richtungsbeschreibungskonventionen,
- Erwachsenenbildung,
- Massenmedien und deren Programmstrukturen,
- das politische System in seiner Auswirkung auf das Alltagsleben der Bewohner,
- Kinder und Kindererziehung (häuslich und institutionell, Erziehungsprinzipien),
- Kino/Theater,
- geographisch bedingte Eigentümlichkeiten (Klima, Lebensweise, Dialekte),
- geographische und geschichtliche Grundkenntnisse (möglichst universal und auf jeden Fall in Beziehung zum eigenen Lande stehend).

5.3. Methoden und Medien

Wie die Themen, so sind auch die angewandten Methoden und benutzten Medien abhängig vom Ziel, das sie erreichen helfen sollen, und vom Thema, das von der Sache her die Unterrichtsweise bestimmt. Außerdem müssen in der Erwachsenenbildung bestimmte psychologische Voraussetzungen beachtet werden, die auf der Schule nicht oder in viel geringerem Maße auftreten:

- die mit zunehmendem Alter geringer werdende Konzentrationsfähigkeit und Gedächtniskapazität erwachsener Lernender, die noch durch die Unterrichtszeit nach dem Arbeitstag gemindert werden;
- die Tatsache, daß eine Teilnehmergruppe in der Erwachsenenbildung kein gleichnormiertes Gebilde wie eine Schulklasse ist;
- die weitgehende Ablehnung des Erwachsenen jeder "Belehrung" gegenüber;
- die oft unterschiedlichen individuellen Sprachregister innerhalb einer Teilnehmergruppe;
- die verstärkt individuelle Interpretation von Informationen, die zu sehr unterschiedlichen Haltungen führen kann;
- die ständig neu vorzunehmende Motivation der Teilnehmer, die ja eine große zusätzliche Anstrengung schon durch ihre Teilnahme erbringen;
- die häufig festzustellende Zurückweisung der Aufforderung zu systematischem Lernen;[1]
- die fehlende Spontaneität in der Unterrichtsbeteiligung durch Befangenheit in der unfamiliären Gruppe.

Einige dieser Punkte werden für den Sprachunterricht nicht zu sehr ins Gewicht fallen, weil die Motivation zum Erlernen einer fremden Sprache stärker ist als vielleicht bei anderen Fächern, die Interpretationsbreite der Informationen eingegrenzt ist und die unterschiedlichen Sprachregister dadurch weniger hemmend wirken, daß man sich gemeinsam einer fremden Sprache im Unterricht zu bedienen hat. Doch auch für den Sprachunterricht sind in der Erwachsenenbildung Grenzen und Möglichkeiten festgelegt. Was H. Siebert folgendermaßen zusammenfaßt:

"Generell hat die Methode den Forderungen nach sachgerechter Wissensvermittlung sowie dem subjektiven Kommunikationsbedürfnis gerecht zu werden. Außerdem muß bedacht werden, daß die meisten Veranstaltungen lediglich zum Selbststudium anregen und befähigen sollen. Nach jedem Kursabend muß den Teilnehmern ein Lernfortschritt bewußt werden."[2]

würde für den Sprachunterricht im allgemeinen und seinen landeskundlichen Aspekt im besonderen bedeuten:

---

[1] Vgl. H. Siebert, *a.a.O.*, S. 762.
[2] H. Siebert, *a.a.O.*, S. 762.

1. Informationsvermittlung und subjektive Anwendung sind zwei Schritte im Sprachunterricht der Erwachsenenbildung, zwischen die mit wachsender Leistungsprogression gegebenenfalls ein weiterer Schritt der theoretischen Reflexion eingeschoben werden muß.
2. Die sprachlichen und landeskundlichen Inhalte und ihre Vermittlung sind den subjektiven Bedürfnissen der Teilnehmer (oder der Mehrzahl der Teilnehmer) anzupassen.
3. Die Unterrichtsmethode muß so gewählt werden, daß sie dem Selbststudium nicht entgegensteht, sondern vielmehr für die Arbeitsweise im Selbststudium relevant ist.
4. Dem Teilnehmer sind nach jedem Lernschritt subjektive Leistungskontrollen im Hinblick auf eine Zielnorm zu ermöglichen.

5.3.1. Die Methode im Anfangsunterricht

Wenn das Globalziel des Anfangsunterrichts die fremdsprachliche Kommunikation in elementaren Alltagssituationen ist, wenn die landeskundlichen Inhalte nur bei weitgehend gleichen Normen und Sachverhalten wie im Lande der Teilnehmergruppe vermittelt werden und deswegen landeskundlich Relevantes nur in der Semantik auftaucht, so ergeben sich als Methodengrundsätze die üblichen des Sprachunterrichts wie

– Einsprachigkeit,
– visuelle Unterstützung des Lernvorgangs,
– weitgehender Verzicht auf abstrakte Regeln,
– sachlich-objektive Information,
– Beteiligung der Teilnehmer am Unterrichtsgespräch zur Übung, ohne sie bloßzustellen,
– womöglich anonymer Individualunterricht im Sprachlabor zum Abbau von Hemmungen etc.,

also nichts Neues, vor allen Dingen für den landeskundlichen Aspekt nichts Neues. Es ist allerdings darauf zu achten, daß von der Unterrichtsmethodik her sekundär eine vorhandene positiv-aufgeschlossene Haltung gegenüber fremder Sprache und fremdem Volk nicht zerstört wird – durch Taktlosigkeit, Frustration in anderen Dingen, falsche Medien, und daß, wenn abbildende Medien benutzt werden, diese genuine Sachverhalte des fremden Landes enthalten sollten. Bilder, Filme, Dias etc. sollten nur eingesetzt werden, wenn sie motivatorischen oder informativen Charakter haben.

5.3.2. Methoden und Medien im Fortgeschrittenenunterricht

Unter Berücksichtigung der in 5.3. angestellten grundsätzlichen Überlegungen zur Methodik in der Erwachsenenbildung gilt für den weiterführenden Fremdsprachenunterricht das, was in 4.3. zu Methode und Medien in den einzelnen Schulstufen ausgeführt worden ist.

Mehr noch als in der Schule ist jedoch in der Erwachsenenbildung Wert zu legen auf Methoden und Medien, die dem Teilnehmer selber für ein selbständiges Weiterstudium zur Verfügung stehen. Das bedeutet selbstverständlich nicht, daß im Unterricht Hilfsmittel wie Sprachlabor, Overheadprojektor, Microfiche-Projektor etc. keine Verwendung finden sollen, nur weil die Teilnehmer sie nicht gleichfalls besitzen; es geht hier mehr um die *software* – Tonbandprogramme, Fotos, Grafiken, Karten etc., die für den Teilnehmer beschaffbar sein sollen und für deren Erschließung ihm die entsprechenden, in eigener Arbeit anwendbaren Arbeitsweisen vermittelt werden sollen. Einzelheiten zu diesem Aspekt wurden bereits in 4.3.2.3. und 4.3.3. dargelegt.

Ein methodischer Aspekt muß jedoch noch einmal besonders herausgestellt werden: die Möglichkeit der permanenten Leistungskontrolle durch den Teilnehmer. Im Unterricht gibt der Lehrende zumeist die Zielnorm vor, im Hinblick auf welche der Teilnehmer seine Leistungen kontrolliert. Da nun aber ein Kurs in der Erwachsenenbildung in weitem Maße auch Anstoß zum Selbststudium ist, muß der Teilnehmer in die Lage versetzt werden, aus dem Studienmaterial eine Zielnorm für die eigene Leistung ohne Hilfe zu ermitteln; das kann geschehen, indem der Lehrende während des gesamten Kurses – nicht nur am Beginn – seine Anforderungen an die Teilnehmer durchsichtig macht und mit ihnen diskutiert, sie damit allmählich immer mehr in die selbständige Ermittlung von Zielen einführt. Darin kann für die Teilnehmer an Sprachkursen der Erwachsenenbildung, die ihre Zeit nicht verschwenden wollen und deswegen gern ganz speziell zielgerichtet arbeiten, ein beträchtlicher Teil der Motivation zum Weiterstudieren liegen, und das würde sich bereits im laufenden Unterricht auswirken und nicht erst beim eigenen Weiterstudium.

6. Landeskunde als hochschuldidaktisches Problem

Für das Wort "Landeskunde" findet man oft als Synonyme oder quasi-Synonyme: Kulturkunde, Kulturanthropologie *(cultural anthropology)* und auch Kulturwissenschaft. Es spricht einiges dafür, im Hochschulbereich von Kulturwissenschaft zu reden:

1. In der Sprachlehrerausbildung, aber auch zunächst als Anglist, Romanist, Slawist etc., betreibt man Sprachwissenschaft und Literaturwissenschaft; Kulturwissenschaft statt Landeskunde würde sich rein wortbildungsmäßig, aber auch vom Anspruch her, gut in dieses Schema einfügen.

2. Es geht bei der Landeskunde auf Hochschulebene um mehr als bloße Kunde vom fremden Lande; das deutete sich bereits im Sekundarstufenbereich II an. An der Hochschule werden neben Kenntnis- und Arbeitsweisenerwerb auch Interpretation der Fakten und landeskundliche Forschung betrieben. Daher wäre ein Terminus mit dem Bestandteil "-wissenschaft" gerechtfertigt.

3. Wie sich bei der Diskussion der Thematik auf den verschiedenen Stufen erwiesen hat, geht es ja selten ausschließlich oder höchstens im weitesten Sinne, um Kenntnisse über das fremde Land; seine Kultur in der ganzen Ausdehnung, d. h. also politische Geschichte, Sozial- und Kunstgeschichte, Lebensweise im allgemeinen, Sport, um nur einige zu nennen, ist wesentlicher Bestandteil dessen, was zur Information im Rahmen des Sprachunterrichts notwendig ist. Landeskunde allein scheint diesen Sachverhalt nur ungenügend zu decken. Ein Terminus mit dem Bestandteil "Kultur –" wäre deshalb zumindest nicht ungerechtfertigt.

"Kulturwissenschaft" wäre demnach eine angemessene Bezeichnung für diesen Ausbildungsbereich im Rahmen des Studiums einer fremden Sprache, ganz gleich, ob es um die Ausbildung von Sprachlehrern geht oder weniger pragmatisch orientiert das Studium einer philologischen Wissenschaft zur Debatte steht. Wenn hier nun doch weiterhin von Landeskunde gesprochen wird, dann um einer Konvention zu entsprechen und Konfusion zu vermeiden, zumal in Kapitel 2 eine Begriffsbestimmung und Abgrenzung gegeben wurde.

Wollte man für das Thema "Landeskunde im Bereich des Hochschulstudiums" Vollständigkeit anstreben, so müßte man wohl eine Trennung zwischen einem Studium mit dem Ziel, Fremdsprachenlehrer zu werden, und dem Studium einer philologischen Wissenschaft unterscheiden; der Bereich Landeskunde würde sicherlich eine unterschiedliche Gewichtung je nach der Studienabsicht erfahren. Da in diesem Buch aber von vornherein von Landeskunde nur im Zusammenhang mit Sprachunterricht und Kommunikationsfähigkeit gesprochen wurde, soll auch dieses Kapitel auf die Sprachlehrerausbildung beschränkt bleiben. Wie sich zeigen wird, ist von diesem Studienziel her ihre Stellung in der Hochschule klar zu bestimmen.

6.1.   Anforderungen an den Sprachlehrer

Bevor man sich mit den Zielen des landeskundlichen Studiums im Rahmen der Sprachlehrerausbildung (die hier nicht lokalisiert werden soll, ganz gleich an welcher Institution – Universität oder Pädagogischer Hochschule – stattfinden kann) auseinandersetzt, ist es vordringlich, nach den Anforderungen zu fragen, die an den künftigen Sprachlehrer in Schule und Erwachsenenbildung gestellt werden. Sie ergeben sich aus den in beiden Bereichen gestellten Zielen, Themen und Methoden, wie sie in den Kapiteln 4 und 5 erarbeitet wurden. Danach sind die Voraussetzungen, die der Sprachlehrer erfüllen muß:

1. landeskundlich-semantische und rein landeskundliche Kenntnisse, wie sie die Ziele und Themen des Unterrichts in den entsprechenden Stufen erfordern;
2. die Fähigkeit, sich die unter 1. genannten Kenntnisse zu verschaffen;
3. die Fähigkeit, die unter 1. genannten Kenntnisse auszuwerten und zu interpretieren;
4. die Fähigkeit, die unter 1.–3. genannten Kenntnisse und Arbeitsweisen im Rahmen des Fremdsprachenunterrichts zu vermitteln;
5. eine auf Kenntnissen und ihrer Verarbeitung beruhende objektiv-nüchterne Haltung der Kontakt- und Verständigungsbereitschaft gegenüber dem jeweiligen fremden Volk;
6. die Fähigkeit, die unter 5. genannte Haltung mitzuteilen und zu erklären;
7. die Fähigkeit zu eigener landeskundlicher Forschung auf einem über 2. stehenden Niveau.

6.2.   Ziele des Studiums der Landeskunde

Aus den Anforderungen an den künftigen Fremdsprachenlehrer ergibt sich:
Ziel des Studiums der Landeskunde im Rahmen der Sprachlehrerausbildung ist es,

– nach den Grundsätzen der Wissenschaftlichkeit auf dem Fundament eines Überblicks über die möglichen Bereiche dieser Wissenschaft exemplarische Kenntnisse zu einigen Bereichen zu erwerben und in wissenschaftlicher Weise anzuwenden,
– Arbeitsweisen, die für die Landeskunde relevant sind, zu erlernen und einzuüben,

– die Grundzüge der Vermittlung landeskundlicher Sachverhalte und Arbeitsweisen zu erlernen und anzuwenden.

Dabei soll der Überblick die Gebiete umfassen, die für die zukünftige Tätigkeit als Fremdsprachenlehrer von Bedeutung sind.

6.3. Die Ausbildungsbereiche

Um den Anforderungen an den künftigen Fremdsprachenlehrer und dem Studienziel gerecht zu werden, muß die Ausbildung unter dem landeskundlichen Aspekt in fünf Bereichen erfolgen:
1. Erwerb landeskundlicher Kenntnisse;
2. Anwendung und wissenschaftlich-objektive, sachliche und nachprüfbare Interpretation der Kenntnisse in Schlußfolgerungen und Urteilen innerhalb der Landeskunde selber und als Hilfen in den Gebieten Linguistik und Literatur;
3. Erwerb von landeskundlichen Arbeitsweisen;
4. Didaktik und Methodik der Landeskunde im Hinblick auf den zu erteilenden Unterricht in den entsprechenden Schulstufen;
5. landeskundliche Forschung.

Die Punkte 1.–4. sind für den Fremdsprachenlehrer unabdingbar, Punkt 5. müßte zumindest potentiell berücksichtigt werden. Immer ist im Auge zu behalten, daß die Landeskunde in Verbindung mit der Sprache auftritt und in drei wesentlichen Erscheinungsformen gelehrt und studiert werden muß:
– als Landeskunde per se,
– als Hilfswissenschaft der Linguistik,
– als Hilfswissenschaft der Literaturwissenschaft.

Dabei sind die beiden letzten Punkte selbstverständlich reversibel, d. h. Linguistik wie Literaturwissenschaft können ebenfalls Hilfswissenschaften der Landeskunde sein.

6.4. Die landeskundlichen Studieninhalte

Parallel zu den Studienbereichen ergeben sich folgende Studieninhalte:
1. Exemplarischer Kenntniserwerb aus den folgenden Problembereichen:
   Bildungsinstitutionen, Bildungsprinzipien, Bildungsplanung, Berufs- und Erwachsenenbildung, Arbeit, Freizeitpraxis und Sport;
   Wohnungswesen, Gesundheits- und Altersfürsorge;
   Gesellschaftsbildung, politische Strukturen, Kirchen und Religion, Mobilität, Lebensstandard;
   Industrie, typische Produktionsleistungen, Energiewirtschaft;

Verkehrsnetze, Verkehrssysteme, Handel, Raum- und Wirtschaftsplanung, neue Stadtgründungen, Conurbationen, Regionalplanung, Umwelt- und Zukunftsprobleme;
Wechselbeziehungen zwischen dem jeweiligen Land und der Welt.
(Die aufgeführten Bereiche bilden einen Alternativkatalog, geschichtliche Voraussetzungen sind in einem Umfang zu berücksichtigen, wie sie zum Verständnis der gegenwärtigen Situationen beitragen.)[1]

2. Anwendung von landeskundlichen Kenntnissen, z. B.
bei der Interpretation aktueller Phänomene im jeweiligen Lande,
bei der Interpretation von literarischen Texten,
in der Semantik.

3. Arbeitsweisen, die für die Landeskunde erforderlich sind, z. B.
Analysen von Sprachdokumenten, Statistiken, Graphiken, Karten,
Vorbereitung und Auswertung von Fragebogen,
Vorbereitung und Auswertung von Auslandsreisen,
Analyse von Aussagen der Massenmedien.

4. Ziele, Inhalte, Methoden und Medien der landeskundlichen Information im Sprachunterricht.

5. Teilnahme an landeskundlicher Forschung (forschendes Lernen).

Abschließend noch ein Wort zur Studienorganisation: Da das kulturwissenschaftliche Studium vom Studenten fordert, daß er an Inhalten, Problemstellungen und Methoden verschiedener Wissenschaftsbereiche arbeitet, ist interdisziplinäre Arbeitsweise und Projektstudium anzustreben. Ein solcher Verbund vermittelt dem zukünftigen Lehrer während seines Studiums Erfahrungen, die er in seiner Berufspraxis bei Arbeiten an fächerübergreifenden landeskundlichen Projekten benötigt.

Im Rahmen seines Studiums sollte der künftige Fremdsprachenlehrer in den Ländern, in denen "seine" Sprache gesprochen wird, diejenigen Erfahrungen sammeln, die als notwendige Ergänzung für ein landeskundliches Studium gefordert werden müssen:

– für die Sprechsituation relevantes landeskundliches Hintergrundwissen,
– Kenntnisse über semantische Nuancierungen bei bestimmten Wörtern, Ausdrücken und Strukturen,
– Erfahrungen hinsichtlich der Relevanz bestimmter landeskundlicher Kenntnisse für die Situationen, in die die Lernenden kommen können.

---

[1] Dieser Katalog der Problembereiche wurde wiederum vom Ausschuß "Landeskunde" der PHN-Abteilungen Göttingen und Braunschweig zusammengestellt.

7. Literaturverzeichnis

Die folgende Liste stellt keine vollständige Bibliographie zum Thema "Landeskunde und Fremdsprachenunterricht" dar; sie gibt lediglich die Literatur wieder, die die Autoren für ihre Überlegungen konsultiert haben.

L. G. Alexander, *Look, Listen and Learn!*, London 1968.

L. G. Alexander, "Landeskunde oder Weltkunde", in: *Zielsprache Englisch* 2/1972, S. 14.

H. Arndt, "Möglichkeiten und Wege der politischen Bildung im neusprachlichen Unterricht der Volks-, Haupt- und Realschule", in: *Der fremdsprachliche Unterricht* 1/1968, S. 21 ff.

H. Arndt, "American Critique of Culture and Society", in: *Praxis* 2/1964, S. 133 ff.

H. Arndt, "Curriculum-Probleme im Fach Englisch", in: *Neusprachliche Mitteilungen* 1/1970, S. 24 ff.

A. Barrera-Vidal, "Enseignement du français et connaissance de la France", in: *Praxis* 4/1967, S. 381 ff.

A. Barrera-Vidal, "Le rôle et la place de la province dans l'enseignement de la civilisation française", in: *Neusprachliche Mitteilungen* 2/1968, S. 99 ff.

A. Barrera-Vidal, "Pour une nouvelle conception de l'enseignement de la civilisation française", in: *Praxis* 1/1972, S. 85 ff.

A. Barrera-Vidal, "Thesen zur curricularen Reform des Fremdsprachenunterrichtes am Beispiel des Französischen", in: *Die Neueren Sprachen* 4/1972, S. 202 ff.

A. Bergsträsser, "Amerikastudien als Problem der Forschung und Lehre", *Jahrbuch für Amerikastudien* 1/1956, S. 9 ff.

F. L. Billows, *The Techniques of Language Teaching*, London 1961.

H. Blankertz, "Kollegstufenversuch in Nordrhein-Westfalen – das Ende der gymnasialen Oberstufe und der Berufsschulen", in: *Die Deutsche Berufs- und Fachschule* 1/1972, S. 2 ff.

W. Bleyhl, "Naturwissenschaften und Englischunterricht", in: *Praxis* 1/1972, S. 105 ff.

P. Blumenthal, "Grundkurs Landeskunde Frankreich", in: *Die Neueren Sprachen* 3/1977, S. 278 ff.

A. Bohlen, *Moderner Humanismus*, Heidelberg 1957.

H. Bonheim, "The Failure of Landeskunde", in: *Zielsprache Englisch* 4/1972, S. 20 ff.

J. Campbell-Doherty, "The British Monarchy – On the Teaching of British Affairs at College and School Level", in: *Praxis* 4/1974, S. 364 ff.

W. Croon, "Die französische Geschichte in der bande dessinée", in: *Praxis* 4/1977, S. 429 ff.

F. von Cube, "Der kybernetische Ansatz in der Didaktik", in: *Didacta* 2/1968, S. 79 ff. und in: D. C. Kochan (Hrg.), *Allgemeine Didaktik, Fachdidaktik, Fachwissenschaft*, Darmstadt 1970, S. 143 ff.

F. Debyser, "L'enseignement de la civilisation: contenu culturel du niveau 2", in: *Le Français dans le Monde* 73, Juni 1970.

T. Decaigny, "L'approche des cultures étrangères dans le cours de langues vivantes", in: *Revue des Langues vivantes*, XXXIV, 3/1968, S. 283 ff.

M. Deutschbein, "Englisches Volkstum und englische Sprache", in: P. Hartig (Hrg.), *Englandkunde*, Frankfurt 1960⁴, S. 344 ff.

P. Doyé, "Politische Erziehung im neusprachlichen Unterricht", in: *Westermanns Pädagogische Beiträge* 6/1966, S. 270 ff.

P. Doyé, *Systematische Wortschatzvermittlung im Englischunterricht*, Hannover 1971.

P. Doyé/D. Lüttge, "Das Problem des optimalen Zeitpunktes für den Beginn des Englischunterrichts, I. Teil", in: *Die Deutsche Schule* 6/1972, S. 377 ff. ("Teil 2" im folgenden Heft).

Sprache und Wirklichkeit. Essays, dtv Bd. 432, München 1967.

M. Erdmenger/H.-W. Istel, "A propos Landeskunde", in: *Die Neueren Sprachen* 9/1971, S. 476 ff.

G. Esser, "Zur Definition der Ziele und Inhalte auf Niveau 2", in: *Die Neueren Sprachen* 9/1973, S. 461 ff.

A. Fengler/A. Fischer, "Wie sehen Schüler den Englischunterricht? Eine Nachuntersuchung zur Motivation im Englischunterricht", in: *Englisch* 3/1970, S. 70 ff.

E. O. Fink, "Englischunterricht und Anglistikstudium im Spiegel der Landeskundelücken", in: *Die Neueren Sprachen* 12/1971, S. 643 ff.

B. Fisch, "Zur Ziel-Inhalt-Methode-Relation bei der Planung einer Stoffeinheit", in: *Fremdsprachenunterricht* 10/1971, S. 448 ff.

H. Fischer-Wolpert, "Politische Bildung im englischen Unterricht der gymnasialen Oberstufe", in: *Der fremdsprachliche Unterricht* 1/1968, S. 6 ff.

K.-H. Flechsig u. a., "Probleme der Entscheidung über Lernziele", in: *Programmiertes Lernen* 1/1970, S. 1 ff.

G. Fleming, "Versuchungen und Gefahren des Kulturkundenunterrichts", in: R. Freudenstein/H. Gutschow, *Fremdsprachen, Lehren und Erlernen*, München 1972, S. 170 ff.

G. Fochler-Hauke (Hrg.), *Fischer-Lexikon Bd. 14. Allgemeine Geographie*, Frankfurt 1959.

W. S. Fowler, "Literature for Adult Students of English as a Foreign Language (1)", in: *English Language Teaching* XXVI, 1/1971.

W. Friederich, "Was ist Bedeutung?", in: *Praxis* 2/1971, S. 147 ff.

A. Göller, "Zum Frankreichbild unserer Oberstufenlesebücher", in: *Praxis* 3/1969, S. 342 ff.

D. Götz/E. Burgschmidt, *Einführung in die Sprachwissenschaft für Anglisten*, München 1973².

H. Gutschow, *Englisch an Hauptschulen*, Berlin 1971⁷.

H. Gutschow, "Das visuelle Element in fremdsprachlichen Unterrichtswerken", in: *Praxis* 2/1968, S. 160 ff.

P. Hartig, *Politische Bildung im Englischunterricht. Schriftenreihe der Niedersächsischen Landeszentrale für politische Bildung*, Hannover 1967.

E. Helms, "Amerika im Lehrplan des deutschen Gymnasiums", in: *Praxis* 2/1963, S. 78 ff.

H. Heuer, "Zur Motivation im Englischunterricht – Die Ergebnisse einer empirischen Untersuchung", in: *Englisch* 2/1968, S. 33 ff.

H. Heuer, "Lehrbuchforschung und Lehrbuchkritik", in: *Praxis* 4/1969, S. 336 ff.

H. Heuer, *Curriculum: Englisch. Praxis-Dokumentation*, Heft 1, Dortmund 1972.

H. Hörmann, *Psychologie der Sprache*, Berlin 1967.

E. Hombitzer, "Ein Weg zu einer neuen Arbeitsform in der Oberstufe", in: *Praxis* 4/1970, S. 343 ff.

W. Hüllen, "Sprachunterricht – Sachunterricht – Literaturunterricht, ein Beitrag zur Diskussion um die englische Lektüre auf der Oberstufe", in: *Die Neueren Sprachen* 2/1960, S. 579 ff.

W. Hüllen, "Sprachwissenschaft und Landeskunde", in: *Praxis* 3/1969, S. 310 ff.

W. von Humboldt, *Über die Verschiedenheit des menschlichen Sprachbaues und ihren Einfluß auf die geistige Entwicklung des Menschengeschlechtes*, Berlin 1835.

H. Isernhagen, "Amerikanische Landeskunde und American Studies", in: *Die Neueren Sprachen* 3/1977, S. 264 ff.

H.-J. Kann, "Amerikanische Landeskunde und amerikanisches Englisch", in: *Zielsprache Englisch* 2/1972, S. 3 ff.

H.-J. Kann, "Linguistisch orientierte Landeskunde als motivierende Auflockerung", in: *Zielsprache Englisch* 1/1973, S. 18 ff.

F. Karlinger, "Volkskunde als neuphilologische Hilfswissenschaft", in: *Die Neueren Sprachen* 5/1965, S. 232 ff.

G. Keller, "Kulturkunde und internationale Erziehung im Dienste der Völkerverständigung", in: *Die Neueren Sprachen* 6/1964, S. 283 ff.

G. Keller, "Grundlegung der kulturkundlichen Didaktik durch ein sozialpsychologisches Modell der Völkerverständigung", in: *Die Neueren Sprachen* 12/1968, S. 617 ff.

G. Keller, "Erkenntnisse der Sozialpsychologie als Grundlage der kulturkundlichen Didaktik", in: *Praxis* 3/1969, S. 261 ff.

G. Keller, "Die Änderung kognitiver Urteilsstrukturen durch einen Auslandsaufenthalt", in: *Praxis* 4/1970.

W. Klafki, *Von der Lehrplantheorie zur Curriculum-Forschung und -Planung. Funkkolleg Erziehungswissenschaft*, Bd. 2, Frankfurt/Hamburg 1970, S. 74 ff.

J. H. Knoll (Hrg.), *Internationales Jahrbuch der Erwachsenenbildung 1971*, Heidelberg 1971.

R. Lado, *Linguistics across Cultures*, Ann Arbor 1961[4].

R. Lado, *Language Testing*, London 1961.

[R. Lado, *Testen im Sprachunterricht*, München 1971]

R. Lado, *Moderner Sprachunterricht*, München 1973[4].

B.-P. Lange, "Landeskundliche Texte in Lehrbüchern für den Englischunterricht", in: *Die Neueren Sprachen* 4/1973, S. 189 ff.

J. Langer/M. Schurig, "Politik im Fremdsprachenunterricht", in: *Praxis* 1/1972, S. 5 ff.

W. Latt, "Landeskunde im Französischunterricht der Realschule. Beispiel: 'au café' – 'La civilisation quotidienne' im Französischunterricht der Anfangsklassen", in: *Praxis* 1/1977, S. 98 ff.

H.-J. Lechler, "Die Unlust im Englischunterricht der Mittelstufe", in: *Der fremdsprachliche Unterricht* 2/1967, S. 13 ff.

E. Leisi, *Der Wortinhalt*, Heidelberg 1961.

F. Leisinger, *Elemente des neusprachlichen Unterrichts*, Stuttgart 1966.

H. Lüdeke, *Die englische Literatur*, Bern 1954.

C. Lütkens/W. Karbe, *Das Bild vom Ausland. Fremdsprachliche Lektüre an höheren Schulen in Deutschland, England und Frankreich*, München 1959.

M. Majstrak, "Die Technik der Darbietung von narrativen und sachkundlichen Texten im Englischunterricht", in: *Praxis* 4/1971, S. 361 ff.

D. W. Marcell, "Recent trends in American studies in the United States", in: *American Newsletter* 42/1970, S. 13 ff.

A. Martinet, *Grundzüge der allgemeinen Sprachwissenschaft*, Stuttgart 1963.

E. Montegut, *La mentalité française, Esquisse d'une définition du stéréotype français suivie d'un choix de textes. Centre de recherches pour l'enseignement de la civilisation*, Sèvres 1858.

R. M. Müller, "Situation und Lehrbuchtexte: Die Kontextualisierbarkeitsprobe", in: *Praxis* 3/1970, S. 229 ff.

R. M. Müller, "Was ist 'Situational Teaching'?", in: *Praxis* 3/1971, S. 229 ff.

R. M. Müller, "Dreizehn Thesen zur Fremdsprachendidaktik (Englisch) als Wissenschaft und ein Studienplan für Fremdsprachenlehrer", in: *Die Neueren Sprachen* 4/1972, S. 207 ff.

R. Münch, *Die dritte Reform des neusprachlichen Unterrichts*, Frankfurt 1936.

R. Musmann, *Work and Pleasure in Britain. Berufs- und landeskundliches Lese- und Arbeitsbuch*. Berlin 1970.

H.-E. Piepho, "Zum Begriff der 'Situation' in der Didaktik des elementaren Englischunterrichts", in: *Praxis* 1/1967, S. 23 ff.

H.-E. Piepho, "Situationen als Sprechanlässe im elementaren Englischunterricht", in: *Praxis* 2/1971, S. 133 ff.

F. Pöggeler, *Inhalte der Erwachsenenbildung*, Freiburg/Basel/Wien 1965.

F. Pöggeler, *Methoden der Erwachsenenbildung*, Freiburg/Basel/Wien 1966[2].

Rahmenlehrplan für das Fach Englisch an den Gesamtschulen in Nordrhein-Westfalen, 5. und 6. Jahrgang (Masch.-schr. Entwurf).

H. Ragaller, "Le ciel est bleu et le soleil brille", in: *Praxis* 1/1972, S. 71 ff.

A. Reboullet, "Pour un enseignement comparatif en civilisation", in: *Le Français dans le Monde* 81, Juni 1971, S. 64 ff.

A. Reboullet: "Sur l'enseignement de la civilisation française", in: *Le Français dans le Monde* 97, Juni 1973, S. 71 ff.

A. Reboullet u. a., *L'enseignement de la civilisation française, Collection "F"*, Paris 1973.

J. Redling, "Zur Förderung verbaler Kommunikation mit landeskundlichen Texten im Hochschulunterricht", in: *Die Neueren Sprachen* 3/1977, S. 289 ff.

H. Reisener, "Darbietungs- und Übungsformen im Englischunterricht des ersten Schuljahres", in: *Englisch* 2/1970, S. 49 ff.

R. Reitemeier, "Zur Problematik der Landeskunde im Anglistikstudium", in: *Die Neueren Sprachen* 12/1972, S. 689 ff.

A. Rothmund, "'Connaissance de la France'. Ein beachtenswertes französisches Experiment", in: *Die Neueren Sprachen* 3/1965, S. 141.

A. Rothmund, "Zum frankreichkundlichen Unterricht an der Mittelstufe", in: *Der fremdsprachliche Unterricht* 2/1967, S. 47 ff.

H. Rühl, "Naturwissenschaftliche Stoffe im Englischunterricht der Sekundarstufe II", in: *Praxis* 2/1971, S. 115 ff.

K. Ruppert, "Lernzielkatalog der mit räumlicher Planung befaßten Disziplinen", in: *Der Erdkundeunterricht*, Sonderheft 1 (Wege zu veränderten Bildungszielen im Schulfach "Erdkunde"). Stuttgart 1971, S. 66 ff.

G. Santoni: "Un cours de civilisation française au niveau universitaire", in: *Le Français dans le Monde* 73, Juni 1970, S. 28.

H. Sauer, "Lehrbuch und Arbeitsmittel im Englischunterricht", in: *Praxis* 4/1963, S. 213 ff.

U. Sautter, "Die fremdsprachliche Schullektüre in Deutschland und Frankreich", in: *Die Neueren Sprachen* 5/1965, S. 236 ff.

G. Scharf, "Differenzierter Englischunterricht in der Sekundarstufe II", in: *Praxis* 1/1972, S. 28 ff.

W. Schommartz, "Landeskunde im Englischunterricht der Realschuloberstufe", in: *Englisch* 2/1970, S. 46 ff.

H. Schrey, "Englischunterricht und Englandkunde", in: *Praxis* 4/1968, S. 355 ff.

H. Schrey, *Didaktik der Englandkunde an Hauptschulen. Kritische Überprüfung und Versuch einer Grundlegung mit Zeitschriften und Bücherschau*, Ratingen 1967.

K. Schüle, "Fremdsprachenunterricht und Gesellschaftskunde", in: *Französisch heute* 2/1973, S. 66 ff.

M. Schulze, *Wege der amerikanischen Literatur*, Frankfurt 1968.

A. Schumann, "Zur landeskundlichen Ausrichtung von Hörverständnisübungen im Sprachlabor", in: *Praxis* 4/1974, S. 408 ff.

Soedjatmoko, "Stereotypes and Realities", in: *American Newsletter* 48/1972, S. 4 ff.

S. Speight, "Home Thoughts from Abraod: Landeskunde in Textbooks for the Gymnasium", in: *Neusprachliche Mitteilungen* 4/1974, S. 204 ff.

E. Spranger, "Zum kulturkundlichen Unterrichtsprinzip", in: *Pädagogisches Zentralblatt*, 1927, S. 751 ff.

E. Standop, *Prolegomena zu einem Studienplan für die akademische Ausbildung von Sprachlehrern und Philologen*, Bonn 1970.

E. Stegmaier, "Nationalismus und Lyrik in der 'Scottish Renaissance' des 20. Jahrhunderts – Zum Verhältnis von Literatur und Englandkunde", in: *Die Neueren Sprachen* 2/1975, S. 136 ff.

E. Stegmaier, "Politische Information im World Service der BBC – Vorschläge zu einer kritischen Englandkunde", in: *Die Neueren Sprachen* 1/1976, S. 58 ff.

R. Tabbert/D. von Ziegesar, "Ziele und Stoffauswahlkriterien der Landeskunde im Fremdsprachenunterricht", in: *Englisch* 3/1975, S. 89 ff.

W. Tiggemann, *Unterweisungstechniken im mündlichen Englischunterricht*, Hannover 1968.

E. Toth, "Die englische Kultur und das VHS-Zertifikat Englisch", in: *Zielsprache Englisch* 1/1973, S. 12 ff.

E. M. Vereščagin/V. G. Kostomarov, "Sprachbezogene Landeskunde", in: *Praxis* 3/1974, S. 308 ff.

H. Weber (Hrsg.), *Landeskunde im Fremdsprachenunterricht*, München 1976.

H. Weinrich, "Zur Veränderung der Sprach- und Literaturwissenschaft an den Universitäten der Bundesrepublik", in: *Die Neueren Sprachen* 4/1972, S. 211 ff.

F. J. Zapp, "Funktion und Gewichtung landeskundlich-didaktischer Studien – Landeskunde versus Kulturkunde", in: K. Schröder/G. Walter: *Fremdsprachendidaktisches Studium in der Universität*, München 1973, S. 71–81.

D. von Ziegesar, "Die Bedeutung fremdsprachenspezifischer Ziele für die Auswahl landeskundlicher Texte", in: *Englisch* 4/1975, S. 149 ff.

D. von Ziegesar, "Revision kulturspezifisch anglo-amerikanischer Inhalte in Englischlehrwerken der Sekundarstufe I", in: *Neusprachliche Mitteilungen* 4/1974, S. 210 ff.

8. Sach- und Namensindex